- 顺丰，立志成为最值得信赖和尊重的速运公司
- 顺丰，经营理念定位于“成就客户，推动经济，发展民族速递业”
- 顺丰，要与DHL、FedEx和UPS等国际巨头一样，做世界级的快递公司
- 顺丰，是新业态的“黑马”，带动大量就业，为千家万户传递快乐

风口之上，顺丰有为

顺丰速运成功的秘诀

安建伟　编著

SPM
南方出版传媒
广东经济出版社
·广州·

图书在版编目（CIP）数据

风口之上，顺丰有为：顺丰速运成功的秘诀/ 安建伟编著. —广州：广东经济出版社，2016. 8
ISBN 978 -7 -5454 -4528 -2

Ⅰ. ①风…　Ⅱ. ①安…　Ⅲ. ①邮件投递 - 民营企业 - 企业经营管理 - 中国Ⅳ. ①F632. 3

中国版本图书馆 CIP 数据核字（2016）第 067730 号

出 版 人：姚丹林
责任编辑：李惠玉
责任技编：谢　莹
封面设计：李康道

出版发行	广东经济出版社（广州市环市东路水荫路 11 号 11 ~12 楼）
经销	全国新华书店
印刷	中山市国彩印刷有限公司（中山市坦洲镇彩虹路 3 号）
开本	730 毫米 ×1020 毫米　1/16
印张	13. 25
字数	209 000 字
版次	2016 年 8 月第 1 版
印次	2016 年 8 月第 1 次
印数	1 ~5 000 册
书号	ISBN 978 -7 -5454 -4528 -2
定价	36. 00 元

如发现印装质量问题，影响阅读，请与承印厂联系调换。
发行部地址：广州市环市东路水荫路 11 号 11 楼
电话：（020）38306055　37601950　邮政编码：510075
邮购地址：广州市环市东路水荫路 11 号 11 楼
电话：（020）37601950　营销网址：**http://www.gebook.com**
广东经济出版社新浪官方微博：**http://e.weibo.com/gebook**
广东经济出版社常年法律顾问：何剑桥律师

PREFACE | 前言

近年来，电子商务快速发展、国民经济转型升级加快，物流运行格局发生积极变化。在社会物流总额增速稳中回落、传统大宗商品物流市场疲软的背景下，我国快递物流“一枝独秀”，成为物流业新的增长点，呈现迅猛发展的态势，引领着我国现代物流新变革。可以说，物流快递与老百姓的生活息息相关，已经影响着许多企业的发展。

李克强总理指出，“要深化流通体制改革，清除妨碍全国统一市场的各种关卡，降低流通成本，促进物流配送、快递业和网络购物发展”，要求“发展物流快递，把以互联网为载体、线上线下互动的新兴消费搞得红红火火”，并且说“我很愿意为网购、快递和带动的电子商务等新业态做广告”。在西安看望慰问顺丰速运快递员工时，他说：“快递业关系经济民生，你们既是在运送商品，也是在传递亲友心意，给大家送去春节的温暖，把幸福快递到千家万户。快递业是中国经济的‘黑马’，祝你们在马年快马加鞭、万马奔腾、马到成功！”

站在时代发展的风口上，作为快递行业的领军企业，顺应了时代潮流应运而生的顺丰速运应有所作为。顺丰速运是一家从“蚁军”起家的快递民营企业，但正是因为它是一家民营企业，其内部管理采用了灵活有效的薪酬管理机制，这些薪酬管理机制对激励员工和保持骨干员工的稳定起了关键作用，也让顺丰速运一步步成长为快递行业的龙头企业。

顺丰速运算是国内较为年轻的快递了，短短数十年间就一跃成为国内数一数二的物流企业，成绩早已远远超过比它年长的其他快递企业，它的成功是有目共睹的，但是它为什么会如此成功呢？原因在于：顺丰速运是第一个使用手持终端的快递企业，是第一个敢使用包机的快递企业，是第一个敢买飞机的快递企业，是第一个执行台湾航线的民营快递企业，等等，还有无数个第一需要顺丰速运去尝试。

目前，顺丰速运的经营规模、网点覆盖和市场份额仅次于中国邮政集团公司（EMS），在中国快递企业中排名第二，在中国民营快递企业中则排名第一。虽然顺丰速运是最大的民营快递企业，但是其低调并又神秘，外界对它的了解可谓是少之又少。基于此编者编写了《风口之上，顺丰有为——顺丰速运成功的秘诀》一书，并试图从以下几个方面对顺丰速运予以解读，揭开其神秘的面纱。

★顺丰，“蚁军”的发展之路

★顺丰，到底有多神秘

★顺丰，是怎样赢得天下的

★顺丰，有什么杀手锏

★顺丰，有什么样的服务特色

★顺丰，为啥开间便利店

★顺丰，是否要与电商巨头马云一决高下

★顺丰，金融版图有多大

★顺丰，赚到的钱怎么花

★顺丰，靠什么赢得客户信任

★顺丰，有什么样的企业文化

★顺丰，一直行走在公益的路上

在不同人的眼中，顺丰速运有着不同的形象，编者只是从个人的思维角度对顺丰速运进行了观察、解读。在本书的编写过程中，由于编者水平有限，加之时间仓促，错误疏漏之处在所难免，敬请读者批评指正。同时，部分图片与文字内容引自互联网媒体，请原作者看到本书后及时与编者联系，以便支付稿酬。

编者

2016年7月

CONTENTS | 目录

任何一家企业的成长都并非是一帆风顺的。当人们在感叹其现有的实力时，又有多少人关注过其过往的艰辛。顺丰就如同一位孩童一样，从呱呱坠地到成人之日，难免会摔跤跌倒！说到顺丰速运的成长，就让人想到一句话“你的心有多大，你的舞台就有多宽”。然而顺丰就让人不得不相信他有这样的胸怀。今天的顺丰整合了自身优势，加快了迈向国际的步伐，更快地拓展在全球的“领地”。

顺丰速运是靠什么走在了国内其他同行的前面的呢？有人将其归结为顺丰速运的三大兵种，即直营模式、航空运输、高端定位。如今，国际快递巨头UPS、FedEx

都是采用直营模式，可见，顺丰速运所采取的直营模式与航空运输，实则是向国际标准看齐，力争在国际舞台上与他们来个大PK！

顺丰速运的经营方式非常灵活。有先进的手持终端机上门服务、有强大的微信服务、有顺丰APP服务，还有标准的快件生命周期管理。可谓，顺丰在服务方式上，实行门到门服务，手对手交接。上门收件送件，对大客户还可派驻专人到客户处提供收发快件服务。

电子商务物流服务配套能力不足已成为电子商务本身发展的瓶颈。近几年，中国电子商务平台厂商从数量到营业额都经历了快速增长，足见其市场规模之大，身为国内民营快递业龙头的顺丰自然不想放过。对于顺丰而言，其在快递业打造的品牌优势将在这些方面凸现出来，所以其进军电子商务只是顺其自然罢了。

顺丰的金融版图已包含两大块。其中，顺银金融作为内部的交易平台部门，从事金融类的业务；而金融保险服务事业部则是围绕银行、保险等金融机构的物流需求提供服务。随着市场发展的成熟，会对快递增值服务的要求越来越高。顺丰通过金融相关产品向综合物流商转型是毋庸置疑的。

对于并不缺钱的顺丰而言，显然并非单纯为了引入资金，特别是新股东的国资背景，更像是为国家政策层面对物流领域即将带来的变化进行提早布局，并在一定程度上规避其民营身份在变革中可能遭遇到的风险。

顺丰不断地积极探索客户需求，为客户提供快速安全的流通渠道；不断推出新的服务项目，帮助客户更快更好地根据市场的变化而做出反应；缩短客户的贸易周期，降低经营成本，提高客户的市场竞争力。除了在公司内部培养一批中流砥柱以外，更不断从其他行业吸收精英以满足业务高速发展以及服务不断完善的需要。

企业文化是企业的灵魂、是一个企业的精神，它将缔造者的性格融入整个企业当中，流通在每一位成员的行为准则里，在多年的漫漫历程中顺丰形成了一套自己的发展文化，并且伴随着其文化的真谛影响着整个中国的速运行业。

顺丰速运既是一家有社会责任感的企业，又是一家懂得感恩的企业，其明白成功是靠所有客户的支持。因此，在顺丰速运发展的过程中，一直不忘回报社会。如在2009年，顺丰速运成立了“广东省顺丰速运慈善基金会”，用于支持慈善事业的发展。当然，只有懂得感恩，才能赢得更多的支持。作为一家民营企业，顺丰速运一直努力向前行！

导读　顺丰成功的秘诀

电子商务的发展带动了快递行业的发展，而顺丰速运作为其中发展得最好的快递公司之一，用质量奠定了公司的品牌基础，在消费者心中留下了完美的形象，从而提高了企业的业绩，也奠定了其在整个快递领域中的基础。顺丰速运为什么这么成功呢？是通过什么企业优势来实现第一品牌的呢？它的优势秘诀在哪儿？

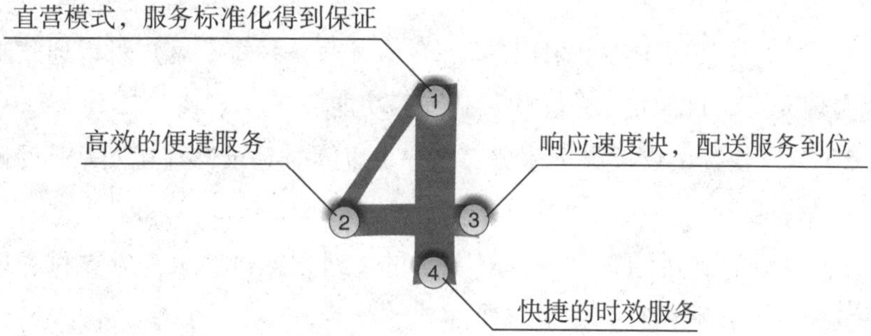

顺丰速运成功的秘诀

秘诀一　直营模式，服务标准化得到保证

顺丰速运给消费者提供了快件的安全保障。安全的运输是所有快件运输的前提。客户寄快递当然希望既能快速又有安全的保障，且不必担心快件会在途中丢失。顺丰速运安全高效的物流体系拥有下页图所示的三大优势：

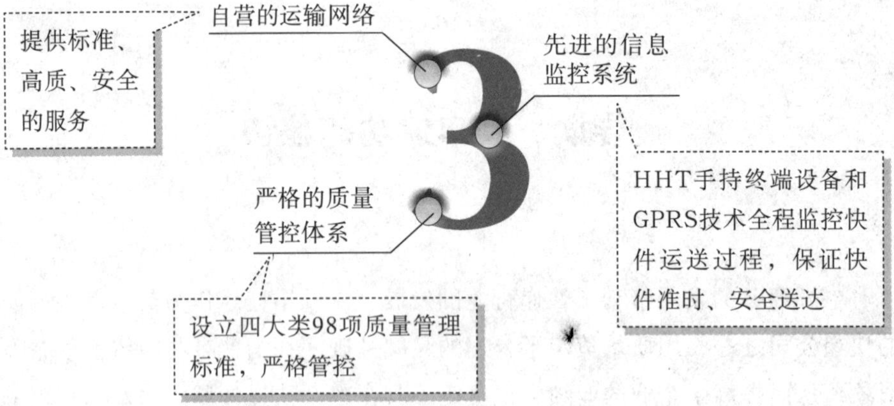

安全高效的物流体系所具备的优势

秘诀二　高效的便捷服务

（1）先进的呼叫中心：采用CTI综合信息服务系统，客户可以通过呼叫中心快速实现人工、自助式下单、快件查询等功能。

（2）方便快捷的网上自助服务：客户可以随时登录SF速运网站享受网上自助下单和查询服务。

（3）灵活的支付结算方式：寄方支付、到方支付、第三方支付、现金结算、月度结算、转账结算、支票结算。

秘诀三　快捷的时效服务

自有专机和数条航线的强大航空资源以及庞大的地面运输网络，保障客户的快递在各环节最快发运，在正常情况下可实现快件“今天收明天到”，这是让很多客户纷纷选择顺丰速运的主要原因。用速度成就品牌，顺丰速运的快捷是小服务让更多的客户体验到了速度所带来的方便之感。而顺丰速运也表示，快件的运营速度是客户选择顺丰速运最主要的原因，因此只有把速度提上来，才能满足客户的选择需求。

秘诀四　响应速度快，配送服务到位

（1）从客户预约下单到SF速运收派员上门收取快件，1小时内完成。

（2）快件到达SF速运营业网点至收派员上门为客户派送，2小时内完成。

（3）自有专机和几百条航线的强大航空资源以及庞大的地面运输网络，保障各环节以最快速度发运，实现快件“即日到”（偏远区域将增加相应工作日）。

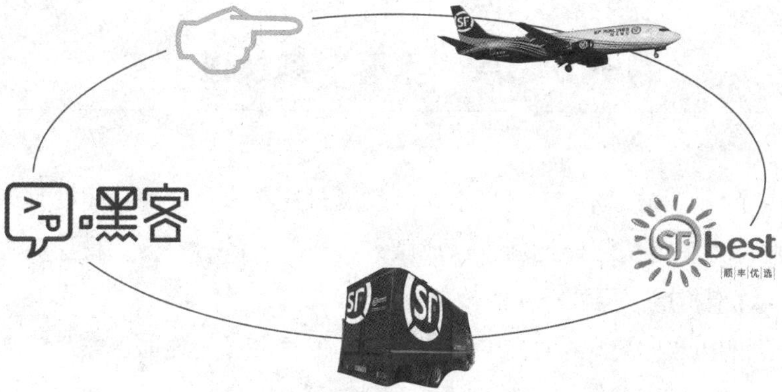

第一章
顺丰，“蚁军”的发展之路

导言：

从香港到内地，顺丰成为中国快递行业的龙头老大。那么顺丰“蚁军”是怎么发展的呢？是怎样成了快递行业的风向标呢？本章将为你解开这个低调的群体发展之谜。

第一节　从“水客”到快递之王

是一个什么样的创业者把顺丰速运发展得这么成功？而且还被马云认为是其最佩服的人，他是怎样把创业当成魔方一样玩得游刃有余，稳操胜算的呢？本节将为你剖析这位像神一样的传奇人物。

王卫出生在上海。他的父亲是一名空军俄语翻译，他的母亲是江西一所大学的老师。7岁的时候，王卫随家人搬到香港居住。高中毕业之后，王卫没有继续升学，就在香港叔叔的手下做小工。他也尝试过自己做生意，虽然多次创业失败，但是在香港繁荣的商业环境下摸爬滚打了几年之后，王卫练就了商人的敏锐眼光。

起家在顺德

最初在顺德做印染的港商，把样品寄到香港给客户看很困难，要较长时间，后试过在码头边求人帮忙捎样品到香港。那时很多香港人都在广东设厂，都有这方面的需求，为何不自己做快递呢？

20世纪90年代初，经常往返于香港与大陆的王卫有时会受人之托，捎带货物出入境。1993年22岁的王卫，从父亲那里借到10万元资金后，于1993年3月26日在广东顺德注册成立了顺丰速运公司（以下简称顺丰速运或顺丰），创业初期公司只有6个人，几个伙伴合作成了专送快件的“战友”。从此，王卫和战友们每天背着背包、拉着拉杆箱奔波于香港和广东两地。

顺丰凭着奋力拼搏精神开启了成功之路

从此，王卫和他的几个战友们开始了背包和拉杆箱的“水客”生活。为了抢占市场，别人带1件货要收70元，而王卫带1件货只收40元，这种特惠服务的策略让这个只有6个伙伴的公司迅速吸引了大量的客户，让那条冷清的街道逐渐热闹了起来。

由于业务的增加，顺丰的员工也慢慢发展到十几个人了。王卫还是跟原来一样和他的“战友”们共创未来之路，他把所有的心血都用在业务扩展上面了。他唯一的任务就是去跑市场拉业务，每天早出晚归，穿梭在顺德的大街小巷。

到了1996年的时候，顺丰几乎占据了大部分深港货运市场，据相关人士说大概有70%的货运都是由顺丰运送的。王卫带领的顺丰就是凭着奋力拼搏精神和“薄利多销”的策略，从香港到内地，成为中国快递行业的龙头老大，如今的顺丰正在走向国际市场，让有华人的地方就有顺丰。

第二节　顺丰“蚁军”占据了快递市场

如今满大街的顺丰“蚁军”，已从当年的“跑腿游击队”，成长为网购时代不可或缺的物流主力军。

顺丰“蚁军”占据华南

到了1996年，顺丰开始进军国内快递业务。以顺德为起点，顺丰将网络触角延伸到广东全省。为了节约成本、加快速度，在顺德之外，顺丰新建的快递网点多数采用合作和代理的方式。每建一个点，就注册1间新公司。这种形式和加盟类似，分公司归当地加盟商所有，互相连成一个网络。顺丰各地网点的负责人是公司的中坚力量，他们上缴一定数额的利润，多余的则留下。令人惊奇的是，直到2002年之前，顺丰一直都没有总部，只有一大批广州顺丰、中山顺丰这样的地方公司。这种“自然延伸”式的扩张，靠的是自发的加盟。因此，顺丰形成的网络并不是有规划的，而是哪里有市场哪里就有网络。例如广东省，下属的县城几乎每处都有顺丰的站点，而在经济发展程度较弱的省份，除了省会城市之外基本没有网点。

顺丰“蚁军”占据华东

在2002年顺丰进军华东片区时，也是以一贯的潜入式风格，完全没有造势，就连“四通一达”都没有察觉到有人到自己的饭碗里抢饭吃。最后，他们慢慢才发现业务被一个叫顺丰的企业给抢走了很多，让他们有种千里之堤溃于蚁穴的感觉。顺丰就这样无声无息地把“四通一达”给“啃噬”了，稳稳地占据了华东片区的快递市场，这个“啃噬”的过程只用了3年。

相关链接》》

四通一达

四通一达是申通快递、圆通速递、中通速递、百世汇通、韵达快递5家民营快递公司的合称。这5家公司均由浙江省杭州市桐庐县人创立，且创始人都来自该县钟山乡几个相邻的村庄。而且，这5家公司的工作人员中桐庐人均占多数。

顺丰“蚁军”占据华北

经过几年的激烈竞争之后，申通、顺丰和宅急送就成了快递行业中的几个幸存者。但是顺丰的发展却要比竞争对手快了很多，并且是难以想象的快。其实这一年顺丰的业务量还不到宅急送的1/3，但是在2年之后，顺丰的业务量变成了宅急送的2倍。从此顺丰在华北的快递市场也有了大部分的市场份额，稳稳占据了华北市场。

很快顺丰这只“蚁军”慢慢地占据了东北片和西北片区的快递市场，从此在中国的大街小巷随处可见顺丰的“蚁军”了。

第三节　顺丰为何成了快递行业的风向标

风向标一　占据了华南片区的市场后却无人知晓

到1996年之后，顺丰无论是在扩张业务，还是在占据华南片区时，都是悄无声息地进行的。而当年的“四通一达”在抢占华东片区市场时，可谓是闹得沸沸扬扬，声名鹊起。还有宅急送在扩张华北片区时也是人人皆知。低调的顺丰在占据了华南片区的市场后，却无人知晓。

也是在2002年，王卫在顺丰历史上最大的一次组织变革中充分展现了自己的胆量、攻击性和控制力。将加盟商式运营转变为全直营，如此胆战心惊的大动作，却没有引起媒体的关注。从此顺丰就无声无息地行走在全国各地，顺丰进军华北片区市场就是最强有力的证明。

风向标二　速度和规模化的迷人之处

凭借革命性的服务，王卫在把顺丰推向全国的第一步棋局中，取得了速胜。2003年，随着顺丰队伍的不断扩大，顺丰的货量增长迅速，每年增速都在50%左右；创始人王卫把他的目光转向了天空。迅速增长的货量形成的规模优势，抵消了包机增加的成本。这种良性循环，又进一步巩固了顺丰在速度方面的优势，王卫很快就意识到了速度和规模化的迷人之处。顺丰凭借包机便利，以低价香港件做主打产品策略，横扫华东乃至整个中国。

风向标三　发展民族速递业

从2004年开始，顺丰的LOGO与“发展民族速递业”的口号相伴出现。顺丰希望自己能作为民族速递业的代表，与国际快递巨头一争高下。

顺丰为发展民族速递业的广告语

截至2015年2月，顺丰速运已建有3个分拨中心、近100个中转场、2000多个营业网点以及拥有38架货运飞机，覆盖了国内32个省近200个大中城市及900多个县级市或城镇。

截至2015年7月，顺丰已拥有近34万名员工，1.6万台运输车辆，19架自有全货机及遍布中国大陆、海外的12,260多个营业网点。

顺丰20多年低调且高效的行动力，自有服务网络具有服务标准统一、服务质量稳定、安全性能高等显著优点，能最大限度地保障客户利益，成就了中国快递行业的标志性企业——顺丰速运。如今的顺丰早已坐稳了快递行业的头把交椅，正不断地朝着世界上有华人的地方进军。

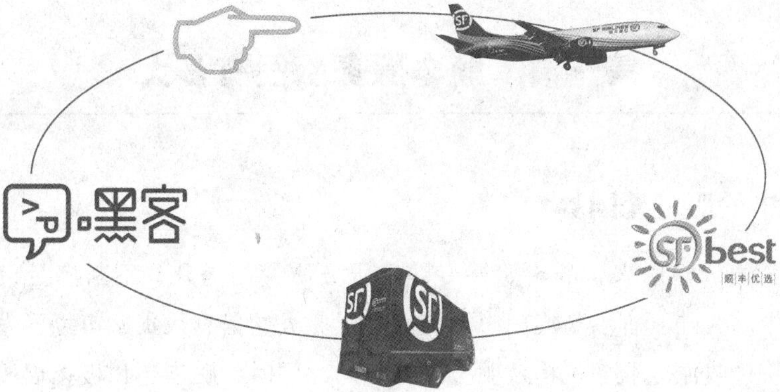

第二章
顺丰，到底有多神秘

导言：

任何一家企业的成长都并非是一帆风顺的。当人们在感叹其现有的实力时，又有多少人关注过其过往的艰辛。顺丰就如同一位孩童一样，从呱呱坠地到成人之日，难免会摔跤跌倒！说到顺丰速运的成长，就让人想到一句话“你的心有多大，你的舞台就有多宽”。然而顺丰就让人不得不相信他有这样的胸怀。今天的顺丰整合了自身优势，加快了迈向国际的步伐，更快地拓展在全球的“领地”。

第一节　顺丰服务版图有多大

顺丰的服务无国界

自公司成立以来，顺丰始终专注于服务质量的提升，不断满足市场的需求，在中国大陆、香港、澳门、台湾建立了庞大的信息采集、市场开发、物流配送、快件收派等业务机构及服务网络。与此同时，顺丰还积极拓展国际件服务，目前已开通美国、日本、韩国、新加坡、马来西亚、泰国、越南、澳大利亚等国家的快递服务。截至2014年12月，顺丰已拥有近34万名员工，1.6万多台运输车辆，18架自有全货机及遍布中国大陆、海外的12000多个营业网点。

就其国内的网点扩张战略而言，顺丰的目标其实很简单，那就是服务网络的广度和密度，都必须可以和中邮速递（EMS）相抗衡。不过，中邮速递凭借国家力量拥有的45418个营业网点规模，却绝非顺丰赶超的目标。按顺丰的经营效率和管理水平，若是布局合理，规划有效，网点总数只需达到中邮速递1/3的规模，便可组建一张“规模又经济”的超级服务大网。

相关链接》》

中国邮政速递物流

中国邮政速递物流股份有限公司（简称中国邮政速递物流、EMS）是经国务院批准，中国邮政集团于2010年6月联合各省邮政公司共同发起设立的国有股份制公司，是中国经营历史最悠久、规模最大、网络覆盖范围最广、邮政物流业务品种最丰富的快递物流综合服务提供商。

中国邮政速递物流在国内31个省（自治区、直辖市）设立了全资子公司，并拥有邮政货运航空公司、中邮物流有限责任公司等子公司。截至2010年底，公司注册资本80亿元人民币，资产规模超过210亿元，员工近10万人，业务范围遍及全国31个省（自治区、直辖市）的所有市县乡（镇），通达包括港、澳、台地区在内的全球200余个国家和地区，营业网点超过4.5万个。

中国邮政速递物流坚持“珍惜每一刻，用心每一步”的服务理念，为社会各界客户提供方便快捷、安全可靠的门到门速递物流服务，致力于成为持续引领中国市场、综合服务能力最强、最具全球竞争力和国际化发展空间的大型现代快递物流企业。

顺丰服务版图大汇总

顺丰服务范围

华　北	北京市　天津市　河北省　山西省　呼和浩特市　包头市
东　北	辽宁省　吉林省　黑龙江省
华　东	上海市　江苏省　浙江省　安徽省　福建省　江西省　山东省
中　南	河南省　湖北省　湖南省　广东省　广西壮族自治区　海南省　拉萨市
西　南	重庆市　四川省　贵州省　云南省
西　北	陕西省　兰州市　西宁市　银川市　乌鲁木齐市
境　外	中国香港　中国澳门　中国台湾　韩国　新加坡　马来西亚　日本　美国　泰国　越南　澳洲　蒙古　印度尼西亚　印度　柬埔寨

服务范围持续更新中，详情请登录顺丰官网www. sf-express. com查询
节假日无休，部分区域收件至晚上9时
详询顺丰全国统一客服热线：4008-111-111

顺丰服务版图大汇总

顺丰自1993年成立以来，每年都投入巨资完善由公司统一管理的自有服务网络：从蜗隅中山到立足珠三角，再到布局长三角；从华南先后扩展至华东、华中、华北；从中国大陆延展到香港、台湾，直至海外，具体如下页表所示。

顺丰服务版图大汇总

序号	国家	时间
1	中国大陆	目前已建有30000多个营业网点，覆盖了中国大陆31个省、自治区和直辖市，300多个大中城市及1900多个县级市或县区
2	中国香港	1993年在香港特别行政区设立营业网点，目前营业网点覆盖了香港（除部分离岛）的全部区域
3	中国台湾	2007年在台湾设立营业网点，目前覆盖台湾本岛的全部区域（离岛除外）
4	中国澳门	2008年在澳门特别行政区设立营业网点，覆盖了澳门的全部区域
5	新加坡	2010年在新加坡设立营业网点，覆盖了新加坡（除裕廊岛、乌敏岛外）的全部区域
6	韩国	2011年在韩国设立营业网点，覆盖了韩国全境
7	马来西亚	2011年在马来西亚设立营业网点，覆盖了马来西亚全境
8	日本	2011年在日本设立营业网点，覆盖了日本全境
9	美国	2012年在美国设立营业网点，覆盖了美国全境
10	泰国	2013年开通泰国为新目的地，派送范围覆盖了泰国全境
11	越南	2013年开通越南为新目的地，派送范围覆盖了越南全境
12	澳大利亚	2014年3月25日，顺丰速运在其官网正式推出中国大陆至澳大利亚全境的快件服务
13	立陶宛	2014年6月25日，顺丰与立陶宛邮政合作，打开进军欧洲市场第一站
14	俄罗斯	2014年7月1日，顺丰俄罗斯小包正式上线
15	蒙古	2015年开通蒙古为新目的地，派送范围覆盖蒙古乌兰巴托
16	印度尼西亚	2015年开通印尼为新目的地，派送范围覆盖了印尼全境
17	印度	2015年开通印度为新目的地，派送范围覆盖了印度全境
18	柬埔寨	2016年开通柬埔寨为新目的地，派送范围覆盖了柬埔寨全境

2014年新发展的版图

以2014年为例，顺丰的营业额有20亿元左右。2014年，顺丰的服务范围有3000多个县级区域，营业网点扩充到20000～30000。其中在国际上又增加了澳大利亚、立陶宛、俄罗斯。

版图一　澳大利亚

顺丰速运跨过南太平洋，推出中国大陆至澳大利亚全境的快件服务。根据顺丰官方的描述，在送往澳大利亚的快件中，首重0.5kg的文件，配送费为150元，每增加0.5kg，将多收40元。如果是包裹的话，首重0.5kg则需向顺丰支付190元，同样也是每0.5kg加收40元快递费。

顺丰从国内发往澳大利亚的快件可以免去燃油附加费和正式报关费。据了解，澳大利亚件是顺丰开通的第八个海外国家的跨境物流项目。

版图二　立陶宛

在立陶宛政府牵头下，顺丰通过立陶宛共和国交通与通讯部副部长与立陶宛邮政签订战略合作协议，设立欧洲区综合物流服务中心等多项内容。顺丰此举除涉足中欧间传统商务文件包裹外，还开通邮政转运、设立海外仓储发展重心进一步向跨境电子商务倾斜。

此次合作是立陶宛政府牵头合作，顺丰作为唯一的战略合作伙伴，在物流仓储、金融结算、数据信息、跨境电商等基于互联网物流产业链的领域与立陶宛邮政开展深度合作。顺丰通过自身全球的网络和品牌知名度影响，促进立陶宛邮政建立欧洲第二大物流枢纽中心，与此同时顺丰还在立陶宛建立了欧洲区综合物流服务中心。

顺丰选择立陶宛作为进入欧洲的第一站，除立陶宛自身交通优势外，还有效利用丝绸之路经济带的公路、海运、航运和铁路资源来建立欧洲区综合物流服务中心。除了将立陶宛作为欧洲中转站外，也将涉足海外仓，从而改变中欧跨境电商的物流生态，实现本地发货，加快商品配送速度，增加消费者对商家的关注度，提升商品的销售速度。

版图三　俄罗斯

顺丰和俄罗斯跨境B2C业务也已于2014年7月1日正式运行了。第一阶段推出的产品是电商小包业务，该业务专门为俄罗斯大中型电商客户量身打造，分为电商特惠——俄罗斯平邮和电商特惠——俄罗斯挂号，续重按克计费，价格远低于顺丰的其他国际件产品，与市场同类产品持平，且覆盖俄罗斯全境。该业务须与客户系统对接，批量发运，定时上门取件，操作便捷高效。

据预测，在2015年，俄罗斯在线零售将达360亿美元，年增长达27%，占社会总零售5%。互联网用户届时超过日本和巴西总和。在未来2年内，人均年网购金额达1272美元，超过法国、巴西和韩国等发达国家。2013年在线零售175亿美元，比去年增长21%，占社会总零售2%，市场前景非常广阔。

第二节　顺丰如何变成快递大咖

对于顺丰而言，它的起点对顺丰后来的发展壮大起到了非同凡响的意义，其原因为何呢？

顺丰为何在顺德起家	＋	从“水客”到正规军

顺丰变成快递大咖的原因

顺丰为何在顺德起家

顺丰速运为何会选择在顺德起家，这与顺德的地理位置是密不可分的。顺德是佛山市下属行政区之一，北邻广州，南近港澳。顺德是广佛都市圈、粤港经济圈的重要组成部分。顺德曾获得“广东四小虎”“岭南壮县”“南国丝都”“广东银行”等美誉。

顺丰速运起初只是提供顺德与香港之间的即日速递业务。为何会选择顺德与香港的速递业务，而不是从内地速递业务起家呢？这要从创始人王卫说起。20世纪90年代初，经常往返于香港与大陆的王卫有时会受人之托，捎带货物出入境。眼光敏锐的他从中发现了深港快件的商机。于是，王卫从父亲那里借了10万元资金后，与几个伙伴合作成立了顺丰速运公司。

从“水客”到正规军

随着改革开放进程的不断加快，“前店后厂”模式成为深港之间的主要形式。跨国企业在两地之间的贸易增多，但受政策环境所限，香港与内地之间的物流成了瓶颈。“比如工厂里缺一个什么急件，今天说，明天要，要去报关，得一个星期，谁能等得起？”一位与王卫同期创业，但后来专攻保税物流业务的深圳公司老板说。这期间，很多通港货件被私人以挟带的方式运送到内地，一些专业的“水客”出现，每天往返于深港之间。

公司成立之初，王卫不仅是老板，也是“水客”，亲自上阵送货。这段经历也让王卫切身体验到一线取派件工作的艰辛。在公司做大之后，王卫也经常在公司的大小会议上强调，一线的业务员才是顺丰速运“最可爱的人”。可以说，顺丰速运的业务是以一种不规范的形态起步的。

第三节　顺丰靠诚信走向成功

对世人而言，诚信是为人之本。古人言，“人无信不立”，一个缺少诚信的人，不可能对人忠诚，也不可能得到别人的信任。然而对于快递巨头顺丰而言诚信是什么呢？

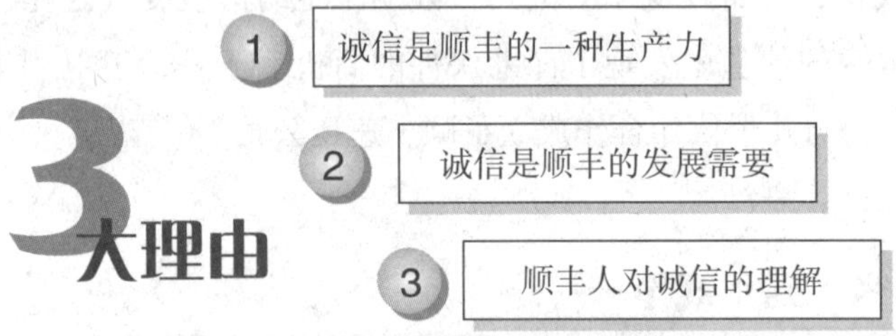

顺丰靠诚信走向成功的三大理由

诚信是顺丰的一种生产力

对顺丰而言，诚信是一种生产力，是市场主体赖以生存和发展的主要条件。一个缺少诚信的企业，眼前可能得到蝇头小利，但骗得了一时，却骗不了一世，不讲诚信最终得不到消费者的信赖，只会自取灭亡。

当客户将快件交给顺丰，快速是一种诚信，准时是一种诚信，完整是一种诚信，安全是一种诚信……社会和客户都需要快递行业的这种“诚信”。

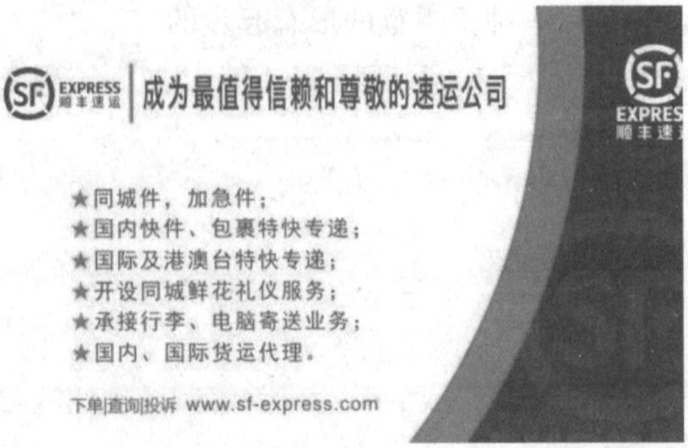

为客户提供快速、安全、优质的服务，顺丰速运长期以来，专注于满足市场需求，在此期间并不断拓宽服务区域，逐步搭建起立足华南，顺丰速运连接华东、华北，拓展华中的战略网络格局，为顺丰速运客户提供快速安全的速运服务。

诚信是顺丰的发展需要

作为一个企业，诚信无疑是生存发展的根本，在这个竞争激烈的社会中，很多老板、企业为了追求利益往往忽略了诚信，这也正是为什么很多企业发展到两三年后就慢慢地走向衰退。只有在双方之间建立了诚信，才可以把生意长久地做下去。

诚信是促进企业内外有效沟通的桥梁，是企业生存和发展的基础，也是企业获得最大利润的基础，互利共赢才是两个企业之间和谐发展的共同点。

对待客户要么不承诺，要承诺就要做到，坚决不能失信于客户。只有真正赢得用户，提高用户的满意度和忠诚度，才能在日趋激烈的市场竞争中更好、更快地开拓市场，才能保证企业经济效益的平稳、健康、可持续增长，在更长远的时间跨度上获得利润的增长。

因此，大势也在逼迫物流企业：企业要生存和发展，高品质的“诚信”承诺与行动，将是其是否“出局”的衡量标准。

诚信是顺丰的企业文化

顺丰速运推出的诚信篇。大到公司各高层，小到公司各基层，顺丰速运在全网上下展开了一场又一场的“诚信文化大家谈”活动。此活动的目的意在一人一帖，真诚互动，将汇聚成顺丰速运诚信的力量。此活动得到了顺丰速运员工的支持，各个地区都相继开展了关于诚信的活动，如新疆区的“诚信文化大家谈”分享交流会、“我是诚信代言人”有奖征文活动，东莞区的“我是诚信顺丰速运人”有奖征文活动，青岛区“我眼中的诚信”作品征集活动，南通区的“诚信在我身边有奖征文”活动，广州区的“诚信文化”有奖征文大赛，泉州区的“打造顺丰速运诚信基石”主题演讲比赛，杭州区的“诚者智，信者立”诚信文化演讲比赛，等等。在此，列出顺丰部分员工对于诚信的看法的言论或文章，看看顺丰速运人眼中的诚信是什么？

诚信是一种必备的优良品格，对于我们自身有着决定性的作用，不管是个人还是企业，一旦失去了“诚”与“信”，必将无法立足。总而言之，诚信乃立人之本、齐家之道、交友之道，是我们自身修养、齐家、交友、经商，甚至为政必不可缺的一种美德。

——××分部王××

诚信像土，一亩心灵之土，为无数幼苗提供营养，使它们开出美丽的鲜花；诚信像水，万物生长的生命之水，滋润着小树树枝展叶，天天向上。同事们，拾起诚信的背囊吧！用诚信战胜风浪，以诚信创造更美好的人生！

——××分部王××

诚信，通俗地表述，就是说老实话、办老实事、做老实人。人生活在社会中，总要与他人和社会发生关系。处理这种关系必须遵从一定的规则，有章必循，有诺必践。否则，人就失去立生之本，社会就会失去运行之规。在顺丰速运工作，尤其是收派员，每天都会见到很多各种各样的客户，我们更要本着诚信做人、诚信做事的原则去工作。因为在客户的眼中，我们就是顺丰速运最直观的形象，我们的一举一动就是客户眼中的顺丰速运。

——××分部徐××

“在我看来，诚信并不是一个多么值得赞扬和推崇的个人品质，因为它对于我们每个人来说，其实是道德操守的基本要求。”总裁的这句话说得很对，诚信是我们所有作为的核心，是公民道德的一个基本规范。诚实守信是中华民族的传统美德。我们只要诚信做人和做事，才能在这个社会上站得稳，站得直！

——××分部陈××

诚信守候

××区××部许××

他和她相约在某个时间某个地方见面，而她最终没有来，或许他们就这样一辈子错过了。亲爱的朋友，别以为这只是个悲剧的爱情故事，我想说的不过是被人视而不见且渐显微不足道的诚信。

在物欲横流的当下，手机已成为像衣服一样的必需品，一句“对不起，我突然有急事。”便把等候已久的人草草打发。诚信缺失像传染病一样蔓延开去，谁都不觉得亏欠了谁。人一定要有聪明、健康、财富、美貌，但是，有谁会认为缺乏诚信就活不下去。弃诚信如弃草芥，因为大多数的人认为诚信一毛不值！

只有认识到诚信所能创造的价值，大家也许才能认可这种品质的存在确实是个合理且必要的存在。快递行业的发展是靠着对客户诚信忠诚建立起来的，人们把那么多宝贵急需的东西寄托给一个行业，寻求的是安全感，而这份经久历练而被认可的依赖，显而易见，要靠诚信去守候！淘宝网站的兴隆也离不开诚信的累积，一个好评是对品质的赞赏，更是对信守品质的最大褒奖。

当然，诚信所创造的价值不仅是外在可见的，还有内敛而蕴藏爆发力的，诚如对自己的诚信。其实生活中诚信往往承载的不仅仅是对别人的诚信，反观自身，则“受诚”过浅，对自己食言便是对自己诚信的缺守，谁不是轻而易举对自己说说“就这样算了吧，我实在没有时间完成”，而坚持初衷计划与目标，履行对自己最大诚信的守候，成就的便是梦想的辉煌。

诚信有时像脖子上的那条项链，戴上它熠熠生辉，脱掉它则黯然失色，这是诚信的装饰效果；诚信有时是货车上的一个轮子，丰盈饱满时才有动力前行，瘪了蔫了就止步不前，甚至发生爆胎车祸，诚信背后担当的是责任与安全；诚信有时候就像是一个微笑，笑着笑着，生活就豁然开朗了。

人生答卷

××区××部林××

六月，又见高考。有人说：高考的魅力不在于如愿以偿，而是阴差阳错……

如果那年，我们多对两道题，那么现在会不会在不同的地方，认识完全不同的人，做着完全不同的事……

事隔多年，还想着当年严肃的班主任，在高考前含蓄的话语：有视力好的同学在不经意间的一瞥，或许能改变命运……而高考时，我的旁边是当年的高考状元，后来的清华才子！最终，以自己的真实水平、以几分之差无缘重本，与自己心仪已久的象牙塔失之交臂……

因缘巧合，进入顺丰速运——一个不做广告，仅以口碑相传的快递公司；一个不重宣传，但重时效的公司；一个以诚信为基本准则的公司。

在这里，不以学历论高低，不以工龄评先后，只是，真真切切、实实在在以诚信为准，回到人最真实的境界。在物欲横流的社会，这里，却上演着拾金不昧！在纷繁复杂的世界，这里，却演绎着路不拾遗！这里，于内，营造诚信的工作环境，搭建彼此不可或缺的信任，公司上下一致，诚实对待工作中的一切，公平、公正对待所有同事，坦率沟通，拒绝“暗箱操作”；于外，用内部诚信支撑外部诚信，用人人相传的口碑，建立起公众对我们所有行为的信任；采用“阳光清新”的公关策略，得到外部机构对我们的认可，树立自身的品牌形象。在这里，用彼此之间的点滴努力向外界展示：顺丰速运，是一家值得依赖和尊敬的公司，是一家让我们自豪为其工作的公司。

顺丰速运二十载，诚信是其价格不菲的鞋子，伴随走遍万水千山，保证着质量永恒！在未来的道路上，诚信依旧继续随行。回首当年的落榜，我不后悔，因为我交出了自己人生的答卷——诚信！

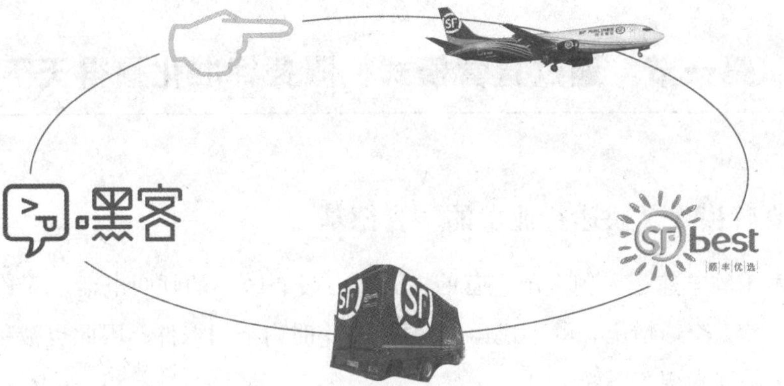

第三章
顺丰，是怎样赢得天下的

导言：

顺丰速运是靠什么走在了国内其他同行的前面的呢？有人将其归结为顺丰速运的三大兵种，即直营模式、航空运输、高端定位。如今，国际快递巨头UPS、FedEx都是采用直营模式，可见，顺丰速运所采取的直营模式与航空运输，实则是向国际标准看齐，力争在国际舞台上与他们来个大PK！

第一节　通过直营模式，服务标准化赢得天下

直营模式是快递行业中的“肯德基”

由于顺丰速运采用全国直营的模式，并设有统一的呼叫电话，无论在任何城市、什么交通情况，顺丰速运员均可在1小时内上门取件，因此也被称为快递行业中的“肯德基”。

其实，顺丰速运在成立之初，与其他民营快递公司一样选择过加盟制扩张，不过问题很快就出现了。如顺丰速运所经营的是高附加值的快件业务，客户对价格相对不敏感，更重视速度和可靠性，但加盟商不少出身于运输公司，在承揽快件的同时还会接一些别的货，导致了时效性出现偏差和装卸质量受损。

收权成功只为建立直营模式

在2000年，王卫下定决心抛弃加盟，在接下来的几年里采取了购置加盟商股份的收权行动。尽管中间也遭遇了巨大阻力，顺丰速运仍然完成了由加盟制转向全面直营的转变，建立起国内快递市场中除中国邮政之外唯一的直营网络。

顺丰速运当时之所以能够成功地削弱地方诸侯的权力，与顺丰从一开始设计的战略密切相关。

由于采用分成的管理模式，业务员会把工作当成自己的事情来做，在片区负责人的带领下，业务扩展的速度是飞快的，但权力和影响力过大的负责人很容易把业务带走，这个问题困扰的不仅仅是顺丰一家。对此王卫的办法很简单，就是增加顺丰对客户的黏性。别人承诺48小时到，我能做到36小时。今天别人也做到了36小时，我就把速度缩短到24小时，这种优势的背后是强大的后台支持系统。在这方面，顺丰从来都舍得下本钱，花重金。

一些负责人离开顺丰之后，凭借自己片区的业务资源，或自己开了快递公司，或者转投别家，但鲜有成“大气”者。归根到底，无论是自己做还是加盟别人，他们承运的快件都快不过顺丰，至少都有半天的差距。而客户一旦发现这些差异，又会回来再找顺丰。也恰恰是这个原因，王卫在收权的过程中，并没有对公司造成元气上的伤害。

直营模式解决了加盟模式之困

民营快递产生之初由于缺乏资金、缺少合法地位，于是采取了以品牌为主导的加盟模式，形成了我国快递的一大特色，“野火烧不尽，春风吹又生”可以用来形容国内民营快递的强大生命力。不过，快递行业屡屡出现的暴力分拣、客户投诉等行业乱象，这些问题的根源因加盟模式所致。国家邮政局数据显示，国家邮政局的申诉95%以上都来自民营快递的加盟网点。2014年，快递行业口碑得到增强，用户口碑阻力指数由2013年的0.59下降到2014年的0.25，行业总体正面口碑多于负面口碑，部分企业如顺丰、中通、申通具有良好的口碑效应；快递行业的公众形象稳步提升，公众对快递服务的总体期望趋于理性平稳，快递服务前后端差异进一步缩小，行业整体均衡性向好发展。

第一个采取直营模式的快递公司

直营与此前的承包已经有所区别。在直营模式下，所有的收派员都由顺丰速运总部统一管理，总部控制了所有系统，也就等于控制了货物流向。顺丰速运总部客服统一对收派员进行客户分配，也保证了客户的留存及对公司的忠诚度。

业内专家认为，直营模式是未来民营快递发展的趋势。顺丰速运采取的是直营模式，对各分部网点有直接的控制权，方便统一全国快件价格，共享快件收款现金流。

在世界500强快递企业中，没有一家是特许加盟模式快递企业的案例。特许加盟模式不能适应快递产业一体化、集约化、标准化、机械化和国际化的发展趋势，这种模式只能是一种发展中的过渡模式，终极的模式是自营为主、代理为辅。

顺丰速运在所有民营快递企业之前作出了改变，走在了所有民营快递企业的前列，引领了国内民营快递发展的潮流。

相关链接》》

2014年快递服务总体满意度企业排名

根据国家邮政局公布的2014年度快递服务满意度调查结果显示：2014年快递服务总体满意度总体得分为73.7分，较2013年提升1.0分，已连续6年稳步提升。企业排名和得分依次为：

第一名：顺丰速运（83.9分）。

第二名：邮政EMS（80.1分）。

第三名：中通快递（74.7分）。

第四名：圆通速递（74.1分）。

第五名：韵达快递（72.5分）。

第六名：申通快递（72.3分）。

第七名：宅急送快运（71.9分）。

第八名：百世汇通（69.5分）。

第九名：天天快递（68.8分）。

第十名：优速快递（68.4分）。

根据以上得分情况来看，时效成为消费者选择快递品牌时最看重的指标。

调查显示，快递服务后端环节改善较为明显。2014年投递和售后环节满意度得分分别为79.2分、73.0分，较2013年分别提升2.9分、2.0分。揽收环节满意度得分为84.6分，与2013年基本持平。而受理环节公众满意度得分为83.2分，较2013年下降2.0分。

在揽收环节，揽收员服务满意度在所有评价指标中满意度表现最佳。快递费用的满意度得分也较2013年提升2.6分，表明用户较为认可现有价格水平。在投递环节，送达质量满意度表现最佳，其中送达时限和投递证实满意度得分较2013

年有明显提升。在售后环节，查询服务满意度表现最好，投诉服务满意度得分较低，仅50.9分，但较2013年提升1.4分。

从消费者反映的问题类型及投诉原因看，确保快件准时送达仍是快递服务目前主要的改进方向；因投递服务投诉的比例较2013年有所上升，反映出企业应改善末端服务，提高软性服务水平。

国家邮政局表示，根据委托专业第三方开展的2014年下半年重点地区快递服务时限准时率测试结果，2014年下半年快递服务全程时限的均值为59.41小时，比上半年延长1.83小时。10家品牌企业排名依次为：顺丰速运、邮政EMS、中通速递、圆通快递、申通快递、宅急送快运、韵达快递、百世汇通、天天快递和优速快递。

第二节　顺丰航空，创造了四个第一

了解顺丰速运的人一定都会知道，顺丰航空是其配送速度的坚实保证。多年前正是看到了今后自有飞机对于快递行业的重要性，顺丰速运果敢地购入自有飞机，成为国内第一家拥有自有飞机的快递企业。如今的顺丰航空不断加速发展，第18架自有飞机已经开始为其服役。如今顺丰航空已创造了四个第一。

顺丰货运飞机

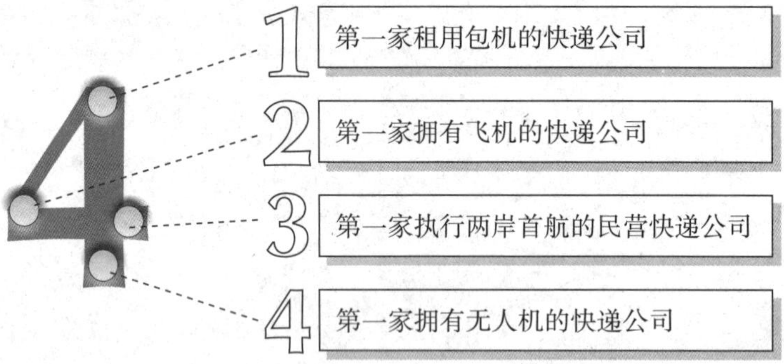

顺丰航空的四个第一

第一家租用包机的快递公司

2002年，顺丰速运在启动高端市场的同时，还做出了新一轮资源和能力建设的抉择。2003年“非典”期间，航空运价降到史无前例的低点，顺丰速运借助这个时机，在国内第一家租用飞机，在干线上运送快递。顺丰速运与扬子江快运航空有限公签订了5架包机的协议，第一个将快递行业带上天空。这也为顺丰速运日后的“快”奠定了品牌基础。其实，最初做这个决策，只是因为货量的暴增，不过顺丰速运发现，使用飞机的单件平均成本其实已经接近公路运输模式。于是，飞机快递这种由联邦快递确立的创新模式，让顺丰速运在快递市场中进一步取得了竞争优势。

第一家拥有飞机的快递公司

2007年后，越来越多的快递公司也开始尝试租用飞机腹舱运送快件，顺丰速运意识到仅通过包租全货机已不能满足顺丰速运业务的需求，公司当机立断，开始着手于筹建自有货运航空公司——顺丰航空有限公司，在2009年12月31日实现了首航，在快递行业里可谓具有里程碑式的意义。2011年8月，民航中南局正式批复了顺丰航空公司提出的股权重组申请，国内快递巨头顺丰速运有限公司通过增资4亿元，将控股顺丰航空85%的股权。此前，顺丰速运只占顺丰航空25%的股权，这是国内民营快递公司首次控股航空公司。

第一家执行两岸首航的民营快递公司

顺丰航空在2014年12月26日凌晨执行“宁波—桃园”的航线，这也是国内民营快递自有全货机两岸首航。

顺丰开通“宁波—桃园”的自有全货机航线，计划每周执行5班，每周二至周六凌晨起飞。顺丰相关负责人表示，这架飞机将大大提升快件在两岸地区的往来时效。

2014年“双十一”前夕，顺丰和美国第二大零售商Costco合作，顺丰上线的“全球顺”为Costco提供台湾至大陆B2C电商进口直邮服务。Costco在台湾将货物交给顺丰，顺丰完成后续的干线运输+清关+国内派送。与此同时，台湾伴手礼品牌糖村“双十一”预售的3.4万多份牛轧糖也通过顺丰递送到消费者手中。

已开航5年多的顺丰航空隶属于顺丰速运有限公司，致力为顺丰提供快件产品的空运服务，是顺丰快递业务核心竞争力的重要保证，是顺丰速运品牌的有力延伸。

第一家拥有无人机的民营快递公司

偏远地区配送一直是顺丰速运的一个“瓶颈”，2013年9月，顺丰速运在广东东莞市松山湖地区进行了无人机配送，通过低空飞行器运载包裹。顺丰速运介绍称，研发这种送快递的无人机主要是为了解决偏远地区的配送问题，它的飞行高度大概在100米，机器内置导航系统。

顺丰无人机

那么，无人机真的能解决偏远地区的配送问题吗？无人机面临着一个风险，即政策风险。因为它毕竟是一架飞机，现在国家关于民用无人机空中交通管理办法当中并没有涉及商业应用有什么规定。据说现在正在制定无人机飞行管理规定，关于商业用途会有一个明确的说明，是不是这样一条政策也会对无人机的推广起到一锤定音的作用？

用无人机送快递，噱头大于实用。因为客观来看，用无人机送快递，起码有下表所示的三个问题不容回避：

无人机送快递需要解决的三个问题

序号	问题	具体说明
1	价值问题	多轴飞行器不受地面交通条件约束，可以越过很多障碍，这是地面交通无法比拟的，用这种多轴无人机运送货物除了重量限制和政策限制外，技术上是完全可行的，但是除了报道中所说的维护问题，其实更重要的还有多轴本身的价值问题，即使拿快递的人不会见“机”眼开，其他人难保不会。如果为了送一个价值远低于飞机本身的货物，而被别有用心的人把飞机收了去，这个成本就太高了
2	安全问题	即便是技术上很先进的美国捕食者无人机也有失控或者因故障导致坠毁的情况，这种无人机也是机械和电子的结合产品，可靠性虽然经过几代更新，已经达到了一定的程度，但是仍存在飞机在空中失控或者坠毁的可能性，对于飞行航线上的人和物都有一定的安全隐患，即便在偏远地区也会造成顺丰速运公司在载机上的损失
3	批量使用飞行器的问题	如果少量使用无人机在偏远地区运送货物，问题并不大，但是如果某地区集中送货需求很大，那么无人机会很繁忙。这样空中管制就会成为一个问题，另外相应的维护和管理费用会随之增加，风险也随之增加

无人机用于快递对国人来说是件新鲜事，作为一个开创性的创新思维方式值得称赞，但是从实用价值来看，还有待进一步考证。

相关链接》

抢市场还得靠飞机

顺丰赢得市场的法宝必须有快速的时效服务，随着其业务能力的提高，顺丰还得不断地加入其空中力量的投入。2014年12月30日，顺丰航空有限公司第18架自有全货机降落在深圳宝安国际机场，正式加入顺丰机队。此架全货机，随即投入日常航班生产运行。作为顺丰速运旗下航空运输部门，顺丰航空致力为快件产品提供空运服务，自开航以来，始终以“成为最值得信赖和尊敬的速运公司”为发展愿景，以“安全第一、预防为主”的安全方针为指导，以保障快件产品的运输时效为目标，不断拓展航线网络，提升运行品质，提高航班时效的稳定性，时刻专注为客户提供更优质的快件产品服务。

顺丰航空拥有以波音757和波音737机型为主的全货机机队。截至目前自有全货机18架，加上航空租赁20架飞机，顺丰航空机队总数已经达到38架，日发货量可达到1800吨。顺丰航空主运营基地设在深圳宝安国际机场，构建了以深圳为核心枢纽向全国辐射的运输网络，未来还将依据顺丰的业务发展规划稳步完善运输网络。

相关链接》

顺丰航空发展历程

顺丰航空目前拥有以波音757、波音737机型为主的全货机机队，自开航以来，机队规模始终保持平稳增长。截至2014年12月31日，全货机数量已达18架。顺丰航空的发展历程，具体如下页表所示。

顺丰航空发展历程

年份	发展历程
2009	（1）中国民航局正式批复顺丰航空有限公司筹建 （2）2009年12月31日，成功首航
2010	（1）首飞高原航线，承担青海玉树抗震救灾物资运送任务 （2）顺丰速运机队第二架波音757-200型全货机投入航线运行 （3）荣获民航中南局“2010年度安全责任考核达标单位”称号
2011	（1）在行业内率先通过CCAR-121-R4补充运行合格审定 （2）顺丰速运机队首架波音737-300型全货机投入航线运行 （3）通过国际区域补充运行合格审定，具备国际和地区航线运行资质 （4）荣获民航中南局“2011年度安全责任考核优胜单位”称号 （5）荣获“2011年度深圳市交通运输安全生产先进单位”称号
2012	（1）顺丰速运机队首架波音737-400型全货机投入航线运行 （2）顺丰速运机队第10架全货机投入航线运行 （3）荣获民航中南局“2012年度安全责任考核先进单位”称号
2013	（1）2013年1月15日，公司第11架自有全货机飞抵深圳宝安国际机场，正式加入顺丰速运机队 （2）2013年7月19日，顺丰航空第12架自有全货机由济南飞抵深圳宝安国际机场，正式加入顺丰航空机队 （3）2013年11月1日，顺丰航空第13架自有全货机飞抵深圳宝安国际机场，正式加入顺丰机队 （4）2013年12月13日，顺丰航空第14架自有全货机顺利飞抵深圳宝安国际机场，正式加入顺丰机队
2014	（1）2014年4月28日，公司第15架自有全货机飞抵深圳宝安国际机场，正式加入顺丰速运机队 （2）2014年9月23日，顺丰航空第16架自有全货机由济南飞抵深圳宝安国际机场，正式加入顺丰航空机队 （3）2014年12月25日上午，顺丰航空第17架自有全货机降落在宁波栎社国际机场，正式加入顺丰航空机队 （4）2014年12月30日上午8点18分，顺丰航空有限公司（简称“顺丰航空”）1架波音757-200型全货机平稳降落在深圳宝安国际机场，正式加入顺丰机队，投入航线运行，这也是顺丰第18架自有全货机

续表

年份	发展历程
2015	根据相关消息称，顺丰与波音公司签订了总数达25架的波音767-300F货机订单；除此之外，还从澳大利亚航空公司引进了6架由767-300ER客机改装而来的货机

第三节　高中低三种服务模式

面对竞争日趋激烈的快递业，顺丰速运在主打高端的同时，也在向中低端延伸，已占据并赢得更大的市场。

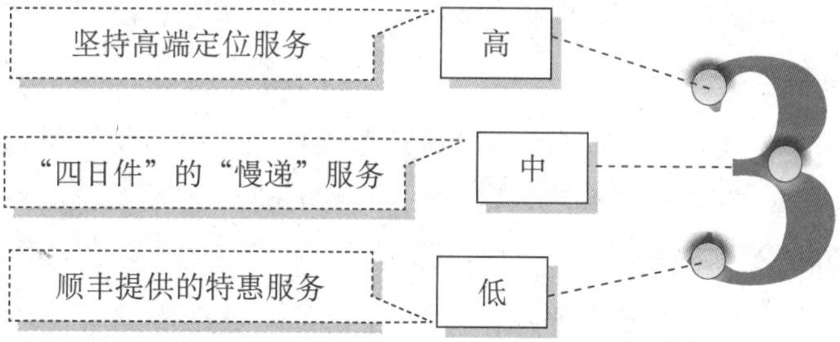

高中低三种服务模式

坚持12小时到达的高端服务

王卫收权成功后，随后顺丰速运开始订立国内高端快递行业的定位。与诸多"快递优而物流"的同行相比，王卫坚持只做快递，而且只做小件，不做重货，顺丰速运按照客户细分设计了自己的产品价格体系，与四大国际快递重叠的高端不做，5～6元的同城低端也不做，剩下的中端客户被锁定为唯一目标。

服务产品的设计也非常简单，1kg内收不超过20元的邮费，上门送货，全国联网，12小时到达。

顺丰推出了“即日到”产品，直接瞄准高端市场。“即日到”是指“早上取件，18～22时送达”且距离超过1000km的承诺服务。顺丰速运运营本部负责人介绍说，“即日到”和“次晨达”产品主要通过其38架全货机承运，面对有特急要求的商务客户，承运物品多为检测样品、投标方案等。直到2015年，除了收费标准逐步调高、取送件时间逐渐缩短之外，顺丰速运的产品定位一直没有任何改变。这样的清晰定位，也成为顺丰速运拉开与其他快递公司距离的重要原因。

推出“四日件”的中端服务

顺丰速运正式推出“四日件”的服务，该产品面向中国大陆地区，全程陆路运输，与顺丰航空件形成了互补。让航空无法投递的化妆品、光碟、奶粉、电子类和酒类等快件都可用此新产品寄送。不过，虽然投递品类扩大，但投递速度却比航空件慢了不少。所谓“四日件”，就是说要比顺丰的正常快递“即日到”慢了4天左右。

日常生活中，一般小件物品市民都会选择快递，但对于重量较大的物品，受超重费用昂贵的影响，只能选择物流。“四日件”超重部分的价格倒是让顺丰接到了不少重量级的快件。

顺丰虽然向来以速度快著称，不过它的高运费也造成了它难以像圆通、中通、韵达等“四通一达”的快递公司那样被普通的网购市场所选择。顺丰在坚持速度的同时，还打起了低价牌，这对其他快递公司的生意有很大影响，对此，不少快递公司纷纷表示担忧。其实一般省外快件的投递都需要3天左右的时间，所以顺丰4天送达的速度还在可接受的范围内。因为其价格优惠，尤其是超重部分的低价很吸引人，所以有很多顾客的省外件都转用顺丰投递了。

提供特惠件的低端服务

顺丰速运凭借其多样化的服务产品数量，赢得了更多的市场认可，已经连续多年在国内业务量方面保持领先。

顺丰速运在推出“四日件”之后，于2013年11月1日又推出“特惠服务”，这是其提供给电商市场的一项专属服务，价格经济，时效稳定，适用范围为大陆地区。

顺丰速运通过多年的努力，在国内速运市场中已经成为行业的佼佼者。很多做电子商务的人都知道，选择了顺丰速运就如同选择了一块火爆招牌，选择顺丰速运的商户总会吸引到更多的消费者。如今的顺丰特惠，让更多的商户也可以选择顺丰速运的服务，让自己的产品更加有竞争力。因此，其“特惠服务”也得到了众多电商的追捧。

顺丰速运的成功也要归功于它强大的信息系统，顺丰速运与IBM、ORACLE等国际知名企业合作，共同研发和建立了多达40余个具备行业领先水平的信息系统，顺丰速运专业的下单系统、手持终端系统、电子签收系统、自主研发的货物跟踪系统以及半自动及全自动分拣系统都使顺丰速运坐稳了中高端市场。

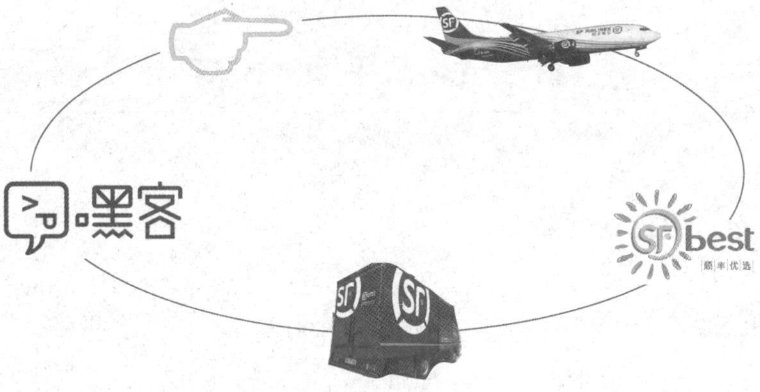

第四章
顺丰，有什么杀手锏

导言：

顺丰速运的经营方式非常灵活。有先进的手持终端机上门服务、有强大的微信服务、有顺丰APP服务，还有标准的快件生命周期管理。可谓，顺丰在服务方式上，实行门到门服务，手对手交接。上门收件送件，对大客户还可派驻专人到客户处提供收发快件服务。

第一节　杀手锏之HHT

什么是HHT手持终端

经常使用快件服务的人，对顺丰速运收派员手中那个貌似POS机的家伙一定不会感到陌生，但或许很少有人会知道它究竟是什么。

HHT手持终端

“这个专业名称叫作‘HHT（Hand Held Terminal）手持终端’，顺丰速运的所有收派员人手一个。”顺丰速运深圳区总经理表示，“快递员上门收件时，只要用‘手持终端’扫描快递单上的条形码以后，快件信息就会在10分钟之内反馈到顺丰速运的客户服务系统之中”。HHT手持终端是国内最先进的、同时也是快递行业中第一家使用该信息处理的终端设备，使用规模超过国内任何一家快递公司（包括UPS与FedEx）。它可以让配送业务更加高效，加强公司对收派件环节的管理，对收派时效的全程监控，提高营运管控水平，为后续业务流程优化（半自动分拣、快速打单等）奠定技术基础。

手持终端的功能

手持终端具有强大的后台监控能力，客户可随时追踪、查询，快件安全更有保障，并且客户可以通过网上、邮件和定制增值服务，沟通更顺畅、经济。

顺丰的"速运手持终端"作为国内物流快递行业第一家自主研发的终端产品，在国内尚没有先例，国外四大快递巨头中，只有联邦快递、DHL自己研发定制专用的移动智能终端，并搭建了全套后台系统。

相关链接》》

中外运敦豪（DHL）基本情况简介

DHL的业务遍布全球220个国家和地区，是全球国际化程度最高的公司。在全球的员工人数超过285000人，几乎能够为各种物流需求提供完美的解决方案。

DHL是全球知名的邮递和物流集团Deutsche Post DHL旗下公司，主要包括以下几个业务部门：DHL Express、DHL Global Forwarding，Freight和DHL Supply Chain。DHL的愿景强调致力于成为全球第一的物流公司。作为一家全球性公司，DHL的业务遍布全球220个国家和地区，而且DHL在物流行业新市场开拓方面也始终占据领先地位，正是基于这些现实我们制定了上述发展目标。DHL的愿景还强调努力成为首选的物流提供商，不仅是在客户需要满足各自的运输需求时，而且同时也是员工或投资商值得信赖的对象。

DHL的使命宣言进一步分为以下四大要素：

（1）DHL努力使客户的生活更简单。

（2）DHL努力使客户、员工和投资商获得更大的成功。

（3）DHL努力对世界发展做出积极的贡献。

（4）DHL始终对获得的成果加以肯定。

DHL对自身通过日常工作为社会做出的贡献深感自豪。每件物品在不同地点之间的转移都需要物流服务的支持才能实现，但是在这一简单真理的背后，却有着千千万万个动人的故事。作为全球知名的物流公司，DHL是各种商业贸易活动的中坚支持力量，确保各种物品安全、及时地运输交付。客户托付DHL运输的物品包括各种的救生药品、朋友赠送的生日礼物或是关系企业生存命脉的产品原型。DHL不仅提供包裹运输服务，而且还通过服务确保集装箱安全抵港：DHL为您带来繁荣、DHL为您传递健康、DHL为您的发展助力、DHL让您享受成功的喜悦。每一天DHL都在帮助身处世界各地的人们联系起来，改善他们的生活。

手持终端的作用

当顺丰的收发员用“手持终端”扫描条形码，仅仅1分钟后，在呼叫中心的系统里便可查询到了快件单信息，其中“操作描述”显示为：“上门收件（已收件）”。从收件开始，快件的每一次中转和目前状态都有跟踪，以便为消费者提供及时的快件状态信息，如快件“到达广州分发中心”“正在南京中转”等。同样的，客户签收快件时也将不再需要收件单，而是直接在“手持终端”的大屏幕上签下自己的名字作为签收凭据反馈到数据中心，是一种更加安全可信的客户签收方式。现在，顺丰速运收发员所使用的手持终端已经是第五代产品了，其更加先进、方便收发员使用，具有对各种技术的综合运用；独特的外观设计，充分体现了顺丰速运的企业形象；体积小重量轻，适合所有顺丰的员工单手操作。

下图所示的步骤是顺丰快递员如何使用手持终端帮客户使用电子账户支付快递费。

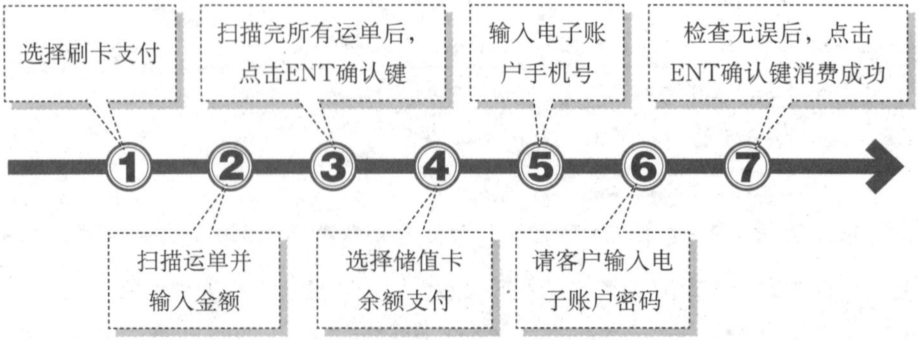

顺丰手持终端的操作步骤

第二节　杀手锏之微信

微信自助服务

顺丰速运微信是顺丰速运在微信平台上开通的自助服务，让客户可以轻松便捷地追踪快件状态、快速下单、在线订单管理和地址簿维护，为客户提供更贴心的快件服务！主要功能有：

（1）直接查询快件路由：

①输入运单号，即可实时掌握快件动态。

②快件状态变动时，主动推送最新路由。

（2）我要寄件：输入寄件人信息，即可快速下单。

（3）订单管理：管理在线订单，可获取订单最新信息；可取消订单、删除订单。

（4）地址簿：管理常用地址，免除下单时重复填写。

相关链接》

怎样关注【顺丰速运】微信公众号

说明：不同品牌的手机注册微信公众号的步骤、展示的界面略有差异，下面注册步骤使用的是苹果iphone手机所做的示范。

第一步：打开微信，点击图标中的扫一扫，如下页图所示。

第二步：用摄像头对准顺丰速运微信二维码（见下图），完成扫描，既可以查找到顺丰速运微信公众号。

第三步：扫描识别成功，打开下图界面，点击关注按钮，即可完成关注，进入顺丰速运微信公众号。

第四步：点击注册顺丰会员或绑定顺丰会员。

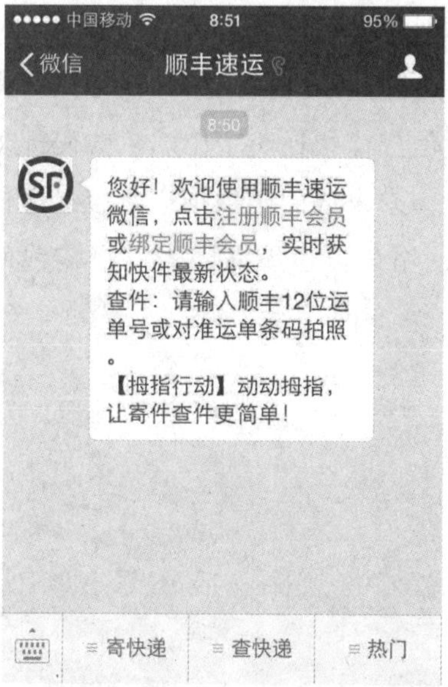

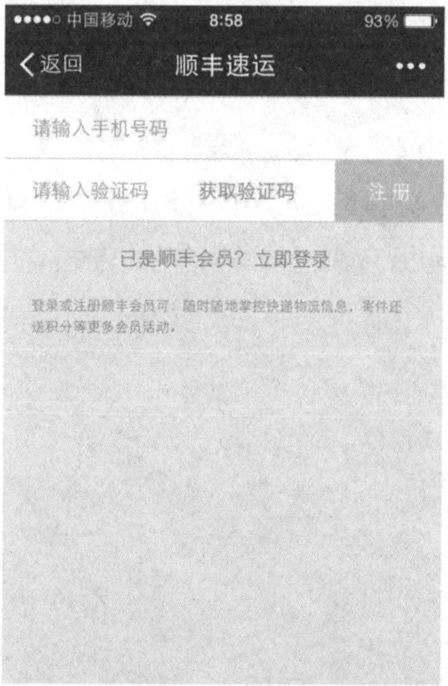

第五步：进入顺丰速运界面进行操作。

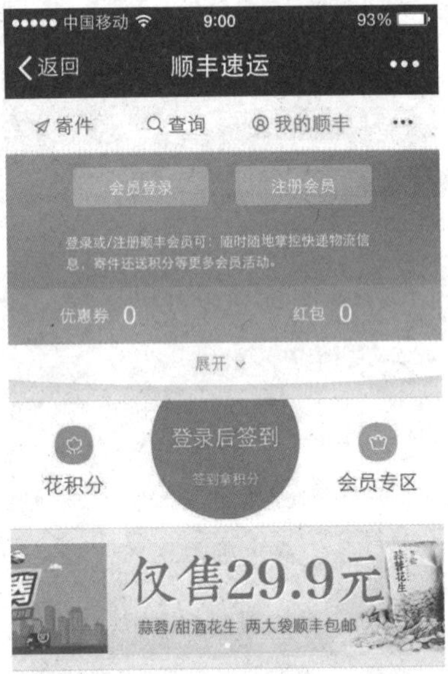

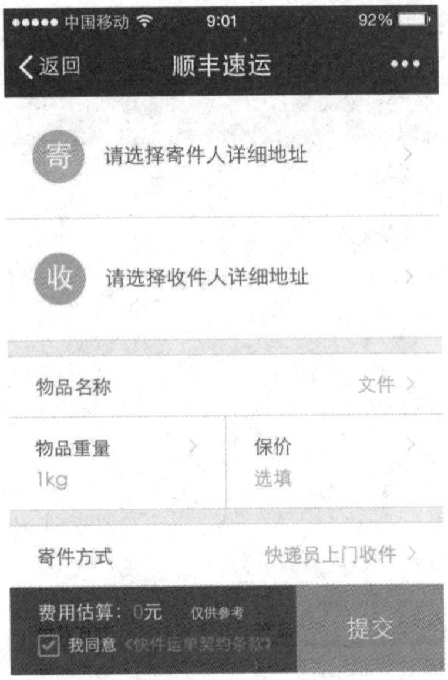

联手微信支付

2014年9月，顺丰快递宣布联手微信支付，推出扫一扫付款方式，将来用户使用顺丰就无需准备零钱啦，只需用微信扫描快递员手中的二维码即可支付快递费。目前，这项服务在深圳进行试点，未来或向全国推广。接入微信支付无疑是提高快递效率很好的方式，当然，用户再也无需因为没有零钱而不知所措。

第三节　杀手锏之顺丰APP

什么是APP

APP是英文Application的简称，APP指智能手机的第三方应用程序。随着互联网越来越开放，APP的盈利模式开始被更多的互联网商业大亨看重，如淘宝开放平台、腾讯的微博开发平台和百度的百度应用平台都是APP模式的具体表现，一方面可以积聚各种不同类型的网络受众，另一方面借助APP平台获取流量。

顺丰速运成为快递类APP下载状元

在2014年“双十一”购物狂欢节中，除了各大电商不断刷新的销售纪录之外，快递APP的下载数量也在同时暴涨。根据国内最大的应用分发平台360手机助手发布的“双十一”APP报告可以看出，“双十一”后顺丰、圆通、申通、韵达、中通五大快递APP下载量暴涨。其中，顺丰速运APP下载量最为抢眼，成为快递类APP下载状元，下载热度达80分，圆通、申通、韵达、中通的APP紧随其后。

在App Store中能够找到各种各样的快递类APP，但是如果你下载和使用了每一款快递APP后你会发现，真正能够完全实现手机快件跟踪查询、运费与网点查询功能的APP只有四款，那就是顺丰速运APP、人人快递、如风达和EMS；但是如果再加上一项在线发件功能的话，那么就没有任何一款快递APP能够与顺丰速运APP相提并论的了。

顺丰速运APP的优势

顺丰速运APP早在iOS和Android双平台上线了，在多年的快递APP开发与应用中积累了大量经验，让用户体验得到了不断提升，这是其他几款APP所不具备的经验优势。

顺丰速运实体规模庞大，投递迅速，服务质量高，用户体验好，而APP功能又属于开发时间早、功能全面、响应迅速的全能型快递APP，用户在经过了综合考量后选择顺丰速运APP也就不足为奇了。

顺丰速运APP6.3版本的功能

顺丰速运APP6.3版本中更是增添了许多新的功能，进一步提高了顺丰速运APP的用户体验，具体如下表所示。

顺丰速运APP6. 3版本的功能

序号	功能	功能说明
1	“我要寄件”——填写订单寄件（美国暂无此功能）	（1）可设置默认寄件人 （2）可从手机通讯录或顺丰地址簿中选择收寄件人电话、地址信息 （3）点击添加收件人，可以添加多个收件人；有多个收件人时，点击删除按钮可以删除收件人 （4）寄件时可进行运费计算、收送范围查询、禁寄品查询 （5）可将未完成的订单信息保存到草稿箱中
2	“我要查询”——快件状态查询	（1）可手动输入或直接扫描运单条码查询 （2）点击单号进入运单详情，可编辑快件名称 （3）点击推送通知，可以对快件设置推送 （4）点击转发详情，可以通过短信转发快件的相关内容 （5）历史记录 （6）查件历史 （7）订单历史
3	“工具”——寄件辅助工具	（1）运费查询 （2）收送范围查询 （3）禁寄品查询 （4）汇率查询 （5）服务介绍 （6）增值服务 （7）我要建议

续表

序号	功能	功能说明
4	“我的顺丰”	（1）使用当前手机号码快速注册（中国香港、澳门、台湾，日本，韩国，新加坡，马来西亚，美国暂无此功能） （2）账户管理 （3）寄件人地址簿 （4）收件人地址簿 （5）寄件草稿箱
5	新增特色	（1）快速注册仅需10秒。新用户使用手机号码10秒内即可快速完成注册（中国香港、澳门、台湾，日本，韩国，新加坡，马来西亚，美国暂无此功能） （2）智能寄件安全管理。账户管理、寄件草稿箱，让你寄件更智能 （3）及时追踪瞬间掌握。运单扫描、快件信息主动推送、信息转发，让你随时随地掌握快件状态 （4）自助工具寄件助手。运费查询、收送范围、汇率查询、服务介绍，让你全面了解收、寄相关信息及顺丰各项服务

顺丰速运APP6.3版本的优点

顺丰速运APP6.3版本中更是增添了许多新的功能，总结起来有以下几个优点，具体如下页表所示。

顺丰速运APP6.3版本的优点

序号	新增功能	功能说明
1	寄件可传情达意	有流量就可以更任性，当用户使用新版顺丰速运APP下单发件时，在下单的同时还可以给朋友一个多媒体的寄件口信，其中包含有快件的照片和文字留言，让收件人第一时间看到快件照片和了解快件的具体内容，另外还有多种可爱亲切的萌萌哒表情来帮助用户“传情达意”，弹指间就可以让亲朋好友一起来分享自己的快乐。下单的同时点击托寄物旁“寄件口信”按钮，可上传宝贝靓照和留言
2	逗趣快递小哥，发件可以很快乐	相对于老版本的查看快递小哥照片的功能，新版APP无疑又更进了一步，在发件完成后用户可以对快递小哥进行评价。评价方式除了传统的打星方式外，还有更加好玩有趣的送花、砸蛋等功能，用户甚至可以给刚刚取件的快递小哥贴上个性化的标签，类似什么“微笑哥、暴走哥、风一样的汉子”等等称呼可尽情往快递小哥身上招呼。这种看似轻松的功能也帮助顺丰建立了独特的服务水平评价体系。收派员评价板块，可加入更多个性化元素
3	小积分，大乐趣	顺丰速运APP6.3版在主界面增加了“发现”模块，用户可以在发现模块参与顺丰分享和每日签到送积分的活动。APP签到规则与顺丰网站上的会员签到采用相同规则。签到即可领取2个积分，连续签到可以领取更多，如：第一天领取2个积分，第二天领取4个积分，第三天领取6个积分，最多封顶14个积分。个人用户可以登录“我的顺丰”网站，在“我的积分”页面可参与兑换顺丰电子券等活动。相对于互联网端，手机端用户签到领积分更加方便快捷，相信会让更多的用户爱上这个功能。“发现”模块目前有顺丰分享和签到送积分界面
4	下单查单，动嘴不动手	新版顺丰速运APP新增了语音识别和自动输入功能，由中文语音产业领导者科大讯飞公司提供语音技术支持，用户想要查单或填写详细发件地址，只需点击输入框右侧的语音输入的图标，即可实现语音输入，语音识别与转化率极高。下单查单，只要对着手机说几句话就轻松搞定，让旁边的小伙伴惊讶侧目就是这么简单。用户查单或填写详细发件地址，只需点击输入框右侧的语音输入图标，即可实现语音输入

顺丰速运APP持续升级意欲何为

相对游戏、资讯类APP应用，速运类APP的升级更新之路似乎并不需要走得这么急，但顺丰速运APP从2014年下半年开始就处于不断升级更新的过程中。而之所以这么做，与顺丰并没有把速运APP当作一个纯快递类应用有很大关系。顺丰希望以速运APP的发件功能为核心，延伸出发件人与收件人之间，发件人与快递员、用户与顺丰积分体系之间更加紧密的联系。通过不断配置实用亲和的功能和创新的服务方式，让越来越多的用户感受到安装速运APP的必要性，继而实现速运APP成为掌上快递业务主要入口的移动端战略商业目标。

在经历了多年的迅猛增长后，快递业务已经渗透到我们身边的方方面面，APP在其中将会扮演一个非常重要的角色。随着我们生活节奏的不断提升，我们将越来越依赖手机，越来越依赖为你跑腿的快递服务，顺丰速运APP将在你的手机里代替顺丰快递小哥的笑脸，为你提供更多的服务，让用户感受到顺丰不断提升的用户体验。

第四节　杀手锏之快件生命管理

在物流业务量呈几何指数快速增长的情况下，顺丰速运的信息化系统不仅降低了运营成本，保证了每一票件在每一环节的安全，还使客户对公司的服务和快件安全都充满信心。同时，也为上下游工业、服务业等企业的转型升级提供了强有力的支持与支撑。可以说，信息化真正成了顺丰速运打造核心竞争力的秘密武器。

力推“快件全生命周期管理”

多年来，顺丰速运一直保持着行业龙头的地位。此外，其自建航空公司，服务网络覆盖全国，并拓展至海外市场。顺丰速运俨然已经成为物流快递行业的航母级企业。

众所周知，对于物流快递企业来说，速度就是生命线。在信息化综合集成的基础上，顺丰速运根据物流快递的行业特点，提出了“快件全生命周期”的概念，据此开创了全新的信息化建设模式，开始了一场与时间赛跑的竞赛，牢牢抓住了速度这一条生命线。顺丰速运将快件全生命周期划分为客户、收派、仓储、运输、报关五大环节，如下表所示。

快件全生命周期的五大环节

序号	环节	具体说明
1	客户	在客户环节，呼叫中心能够做到每一通呼叫都可记录对应的通话原因，每个客户投诉都有完整的处理流程。通过呼叫中心系统数据记录统计，已整理上百个左右的解决方案，普通座席人员可以很有信心地处理90%的客户来电，从而降低呼叫中心员工的工作压力，帮助员工提高了工作效率，也为优秀员工提供了职业发展的空间
2	收派	在收派环节，手持终端程序的最大优势，就是减少人工操作中的差错，以提高操作人员的工作效率。目前，顺丰速运使用的第五代手持终端系统，使收派员的工作效率提高了很多
3	仓储	在仓储环节，顺丰速运的全自动分拣系统能连续、大批量地分拣货物，并不受气候、时间、人的体力等因素限制，可以连续运行。同时，由于自动分拣系统单位时间分拣件数多，因此，自动分拣系统每小时可分拣7000件包装商品。如用人工则每小时只能分拣150件左右，并且分拣人员不能在这种劳动强度下连续工作8小时。此外，自动分拣系统的分拣误差率极低
4	运输	在运输环节，GPS对车辆的动态控制功能，完成了运输过程的透明化管理，可以对运输方案、车辆配置及时中止优化，运输成本综合降低了很多
5	报关	在报关环节，数据交换采用加密机制，从根本上保证了数据信息安全，并能统一录单、审单与清关流程，提高报关及时性，降低物流通关风险

打造高度集成信息化系统

顺丰速运的信息化建设一直是坚持自主研发为主、引进为辅的策略，培养了大批信息化人才，独立自主研发适应自身与行业发展的信息化系统。同时，其也引入外部先进技术与人才，两者结合，并以自主研发为主，实现顺丰速运多年来在信息化建设上的持续领先，为未来领先奠定了坚实基础。

顺丰速运的信息化系统大致可以分为管理系统、业务支持系统与运营系统三大组成部分：

（1）管理系统是实现内部全方位管理的基础平台。

（2）业务支持系统是公司业务正常运作的重要基础保障。

（3）运营系统是顺丰速运的核心业务系统，顺丰速运用它来保证每一票件从收到派的全过程安全。

通过运用手持式数据终端、全球卫星定位、全自动分拣等，顺丰速运整合了包括航空货运、公路运输、铁路运输等多种运输方式，在不同运输方式的衔接环节保持运作调度、信息流转和操作标准的高度融合和协调一致，从而确保快件安全、快速地送达客户手中。

与此同时，顺丰速运充分运用计算机技术、网络技术及相关的关系型数据库、条码技术、EDI（Electronic Datal Interchange）等技术，高度集成物流系统的各个环节，借助信息技术对生产过程进行运筹和决策。

此外，物流全过程业务信息系统应包括对客户下单、上门收件、运输调度、储存保管、转运分拨、快件集散、流通加工、信息服务等诸多物流功能要素的数据收集与监管，且应和项目实施方所处行业的运作体制、标准化、电子化及自动化等方面的基础环境高度匹配。

因此，顺丰速运对这些方面都非常重视，其中，业务核心系统、客户核心系统、财务等信息系统均实现底层数据无缝对接：

（1）客户服务实现对客户管理系统的动态资源管理。

（2）收派服务环节应用GPRS（General Packet Radio Service）通用无线分组业务；运输调度通过后台指挥中心实现对车辆全程车载监控、GPS（Global Positioning System）定位功能。

（3）转运分拨实现全自动分拣和半自动分拣方式，并在实体到达之前对运单信息分析，提前知晓快件流向。

（4）派件采用电子签收，MSG（Messsage）服务。

未来信息化要支持企业决策

顺丰速运的定位是中高端市场，尽管近几年社会物流成本不断升高，但顺丰速运价格自成立以来20多年的时间内鲜有变化，并且从客户整体满意度来看，顺丰速运的性价比还在逐年提高。这些都是顺丰速运高效的信息化系统，保证物流快递实效的稳定性带来的效益，信息化的应用极大地提高了物流过程中各个环节的效率，降低了各个环节的成本。同时，顺丰速运通过信息化水平的提高，内部成本也显著下降，人均效能也持续提高。

相关链接

关于发布2015年顺丰速运快递等服务新版价格的通知

尊敬的客户：

您好！

感谢您长期以来对顺丰速运的关注与信任，为您提供值得信赖的可靠服务是顺丰坚持不懈追求的目标。

顺丰不断扩展国内外服务网络，持续提升服务质量，为您提供更加便捷的综合物流解决方案。2015年2月1日，顺丰将发布新版价格，包含顺丰标快、顺丰特惠、电商速配、生鲜速配，以及医药安心递系列——医药常温等服务，覆盖中国大陆内互寄，及大陆寄至台湾的线路。届时，您可以通过我司官网、顺丰速运微信、顺丰速运APP等多个渠道查询，或致电95338。

诚挚感谢您的支持！

顺丰速运

2015年1月26日

此外，顺丰速运通过信息化建设，为上下游企业转型提供了强有力的支撑。例如，顺丰速运为电商企业专门开发了接入平台，在不改变或尽量少改变双方系统原有技术与逻辑的情况下，实现与客户系统完全无缝对接，实现数据自动传输功能，能够给客户提供多途径录入及查询物流信息。此举不仅为企业客户有效地减少了管理环节与时间成本，同时也赢得了大批客户。如此为客户着想，使得顺丰速运赢得了电子商务企业与个人客户的更多信赖。

未来顺丰速运的信息化建设将去向何处

顺丰速运将围绕支撑企业决策进一步深化信息化建设。物流行业的信息化不仅包括物资采购、销售、存储、运输等物流活动的信息管理和信息传送，还包括了为物流过程中的各种决策活动如采购计划、销售计划、供应商的选择、顾客分析等提供决策支持，并充分利用计算机的强大功能，汇总和分析物流数据，进而做出更好的进销存决策。只有这样，顺丰速运才能充分利用企业资源，增加对企业的内部挖掘和外部利用，进而大大降低生产成本、提高生产效率、增强企业的竞争优势。

在未来的发展中，顺丰速运将继续加大对信息化的投入力度。在今后的一个时期内，顺丰速运信息化的投入增长速度会大于业务经营费用的增长速度。接着，顺丰速运的信息化建设将着重于稳定经营、成本优化、服务提升和业务创新四大方面。

顺丰速运依托高端、快捷、周到的服务，如各项增值服务，形成了自身独特的营销模式，赢得了客户的信赖与支持，成就了顺丰速运速度。

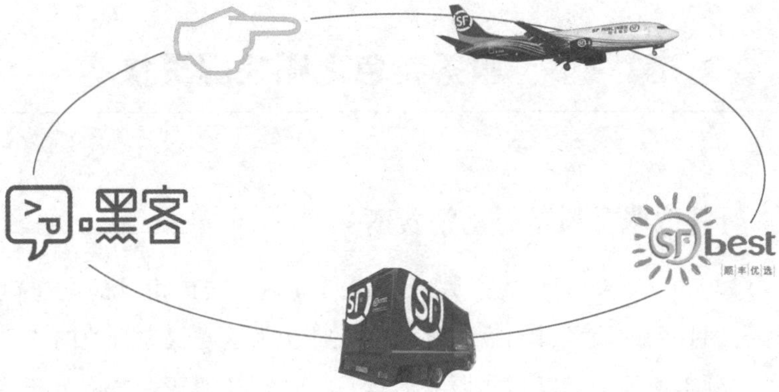

第五章
顺丰，有什么样的服务特色

导言：

顺丰是以客户需求为核心，建设快速反应的服务团队，谨守服务承诺。提供灵活组合的服务计划，更为客户设计多种免费增值服务及创新体验，全天候不间断地提供亲切和即时的领先服务。

第一节　服务特色之嘴快腿更快

一如既往的服务质量打动消费者

说到顺丰速运，人们首先想到的一定是其独步国内市场的配送速度，特别是当跨省即日到的服务推出后，让很多人都认为这是快递行业的一个奇迹服务。此外，顺丰速运一如既往的服务质量，也是打动消费者的重要环节，让消费者全程感受到顺丰速运的专业与快捷的快递服务。

快递行业是一个供不应求的市场，对于已经拥有网络的企业来说，问题不在于如何开拓新市场，而是如何维护现有市场和提升服务。有位业内人士作了一个形象的描述，“快递市场就好比一个人在自家碗里的肉都吃不完的时候，是不会算计着抢别人碗里的菜的”。

全天24小时和全年365天无节假日派送

服务速度，在快递公司中谁的速度最快？打开网页，大部分的网民首推顺丰速运。目前，顺丰速运是国内第一家也是唯一一家使用全货运专机的民营速递企业，这让顺丰速运在服务时效性方面取得了压倒性的优势。

依靠其空中航线，顺丰速运实现了全天24小时，全年365天无节假日派送，而且价格对一般消费者来说也足以承受。凭借一流的服务效率、卓越的服务质量和标准的客户服务流程，规模优势凸显，抵消了包机增加的成本。几乎不需要任何媒介的宣传推广，低调的顺丰速运便顺利实现了“快速”这一独特的品牌诉求。

三个统一的服务质量

首先，快递服务能够真正执行到位是有难度的，对于快递行业而言更是如此。快递人员长期在外工作，缺乏现场管理，虽然顺丰总部提供了标准的作业流程，却不能保证一线员工提供的服务都是统一的。其次，推行严格的管理和激励制度。顺丰速运对员工的个人形象高度重视，做到了三个统一。

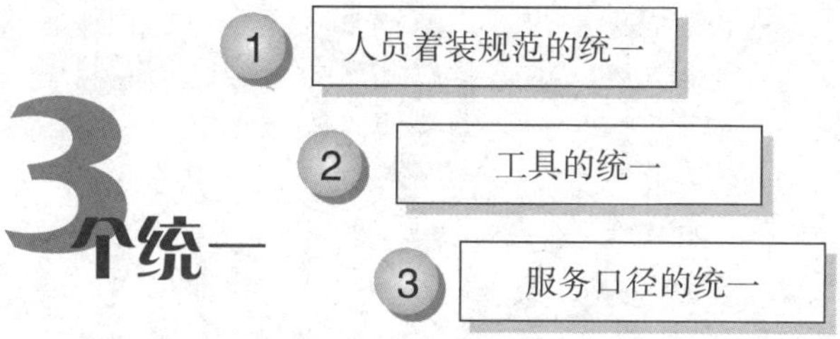

顺丰服务的三个统一

写字楼里常常能看到忙碌的顺丰速运工作人员在走动，他们始终坚持维护顺丰速运的形象，无论着装还是行为举止，无不渗透出顺丰速运高效、规范的服务管理理念。当客户收到快件并签字确认后，顺丰速运员工仅用2分钟又多做了一点——第一时间记录收件的时间和收件人，并迅速以短信平台的方式发送给寄件人。这一点使顺丰速运在顾客心中的服务口碑遥遥领先。

第二节　服务特色之增值

顺丰速运提供了一系列的增值服务，以便让客户感受其高品质的服务。针对不同地区的客户需求，顺丰速运所提供的增值服务业略有差异。下面将顺丰速运现有的各项增值服务进行一个小小的汇总。

中国大陆，增值服务项目

顺丰在中国大陆的增值服务项目多达十项，具体如下页图所示。

中国大陆，增值服务项目

项目一：代收货款

代收货款的项目说明

序号	类别	项目说明
1	服务介绍	顺丰速运可以按照寄件方客户（卖方）与收件方客户（买方）达成交易协议的要求，为寄件方客户提供快捷的货物（商品）专递，并代寄件方客户向收件方客户收取货款；同时，可以提供次周、隔周返还货款的服务
2	适用对象	所有大陆月结客户
3	如何办理使用	只要是顺丰速运月结客户，销售的货物是依法经营、合法生产有质量保证的产品，且有良好的售后服务，与顺丰速运签订《代收货款服务协议》生效后，即可享受代收货款服务
4	如何收费	根据客户性质、返款周期及代收金额情况决定服务费率的多少
5	如何结算	代收货款运费可以寄付、到付和转第三方付，代收货款服务费由寄件方付（委托方付），不可转第三方付或到付

续表

序号	类别	项目说明
6	寄件须知	物品范围：符合快件承运范围，同时代收货款金额在10000元（含）内的货物。需要提供的资料：需要提供与此货物相符的收款凭证，如货物发票或收据的原件。如寄方客户与收件人约定无须收款凭证，则以运单为收款依据

项目二：保价服务

保价服务的项目说明

序号	类别	项目说明
1	服务介绍	在快递服务过程中，寄件人可对托寄物内容向我司声明价值，并缴纳相应的费用，当货物在运输过程中发生损坏时，我司将按照托运人的声明价值赔偿一定损失
2	适用对象	所有大陆客户
3	如何办理使用	只需在运单的“是否保价的□是、□否”方框里打“√”，在“声明价值”栏如实填写保价金额数（元），即完成该票快件的保价操作
4	如何收费	费率详情请详询当地收派员；保费收费时尾数遵循四舍五入的原则；运费另计
5	如何结算	保费与运费捆绑，可提供寄付、到付
6	不收取托寄物范围	（1）违法违规禁寄品 （2）易碎品：玻璃类（如灯管、灯泡等玻璃制品）、陶瓷类、石膏类，以及不易妥善包装的物品，如：玉雕、木雕艺术品等 （3）不易贮存、保鲜的时令水果和特产（包括水产品） （4）鲜活动植物
7	寄件须知	（1）快件声明价值不得超过快件实际价值，最高声明价值不超过20000元

续表

序号	类别	项目说明
7	寄件须知	（2）大陆寄往新加坡、韩国、马来西亚、日本、美国以及中国香港、澳门、台湾的快件暂不提供保价服务 （3）若未选择保价，顺丰速运对月结客户在不超过运费9倍的限额内，非月结客户在不超过运费7倍的限额内赔偿托寄物损失的实际价值。若选择保价，顺丰速运按托寄物的声明价值和损失比例赔偿，托寄物声明价值高于实际价值的，按实际价值赔偿 （4）如你的单票快件声明价值超过20000元，请你选择顺丰速运特安

项目三：虚拟地址

虚拟地址服务的项目说明

序号	类别	项目说明
1	服务介绍	为满足客户个人信息的保密性和安全性需求，顺丰速运推出虚拟地址服务。收件客户无需提供详细地址，运单收件地址仅填写附近的顺丰速运服务网点或合作便利店的地址编码，当快件到达指定网点后，会以短信通知客户，客户凭短信和有效证件前往网点自取快件
2	服务范围	中国大陆地区
3	适用对象	自取客户
4	查询途径	虚拟地址官网查询；拨打顺丰速运客服热线查询虚拟地址
5	如何收费	免费
6	寄件须知	收件人地址仅填写虚拟地址编码，但收件人姓名及手机号码必须填写

项目四：签单返还

签单返还服务的项目说明

序号	类别	项目说明
1	服务介绍	应客户需求，顺丰速运在成功派送快件后，将寄件方客户提供的需收件方客户签名的收条或收货单之类的单据返还寄件方客户的服务
2	适用对象	所有大陆月结客户、非月结客户
3	如何办理使用	只需要在运单的“□签单返还”方框里打“√”，并填写快递回单的运单号，即完成该票快件的操作
4	如何收费	（1）大陆互寄：5元/票 （2）大陆至港澳台：10元/票 （3）当月结算运费金额达到5000元以上的月结客户，可免费享受此项服务 备注：运费另计。同时，以上提及的5000元运费，不含其他增值服务费、已产生的回单费用及各项减免的运费（如客户享受快件折扣优惠，则为折扣之后的快件运费）
5	如何结算	寄付月结、寄付现结、寄付转第三方月结

项目五：代付出/入仓费

代付出/入仓费服务的项目说明

序号	类别	项目说明
1	服务介绍	若收派件地址为仓库、物流中心、保税区、海关监管区等产生的非顺丰速运收取的费用（出/入仓费）时，客户无需当面与费用收取方交接，顺丰速运收派员就可直接代客户垫付出/入仓费，事后再通过规定的流程向寄件人或其指定的付款方收取垫付费用及服务费，以减少当时客户沟通的成本
2	适用对象	所有客户

续表

序号	类别	项目说明
3	如何收费	垫付费收取标准：按照为客户实际垫付的费用收取。运费另计
4	如何结算	可以寄付、到付、转第三方付款
5	寄件须知	在香港地区收派过程中，无论我司是否垫付出/入仓费，均需收取出/入仓服务费

项目六：夜晚收件

夜晚收件服务的项目说明

序号	类别	项目说明
1	服务介绍	环渤海、长三角、珠三角地区的客户在正常截单时间后有快件互寄需求时，顺丰速运仍然可以提供收件服务，并且保障正常的时效
2	适用对象	北京、天津、山东、上海、江苏（苏南地区）、浙江、广东地区的客户
3	如何收费	免费

项目七：逾限退费

逾限退费服务的项目说明

序号	类别	项目说明
1	服务介绍	针对大陆地区互寄的标准快递、即日到产品快件，我司推出“逾限退费”服务，即当经我司托运快件的送达时间超过了我司承诺的退费时效，且经我司确认不属于逾限退费免责条款范围内的情形时，客户可申请抵免运费
2	适用产品	大陆区域互寄的标准快递、即日到产品 备注：我司合作便利店、顺丰速运便利店的寄件、派件均不提供逾限退费服务

续表

序号	类别	项目说明
3	适用客户	大陆地区所有客户
4	服务时效查询渠道	致电顺丰速运客户服务热线；登录顺丰速运官网“服务时效查询”模块进行查询；还可登录顺丰速运自助服务软件查询（顺丰速运通电脑版、大客户发件管理系统）
5	退费申请须知	（1）航班延误、航班取消、节假日（包括周六日）、自然灾害、客户原因、政府行为、交通堵塞等不可抗原因导致的时效延误不承诺退费，详情可查阅《逾限退费派送服务保证及免责条款》 （2）客户需在快件签收后60天内致电提出退费申请 （3）快件运费付款方享有逾限退费的服务 （4）退还或抵免费用仅含运费，不包括增值服务费在内的其他费用 （5）月结客户：经客户申请且符合退费规则的逾限快件，运费在下一期月结账单中抵免。非月结客户：经客户申请且符合退费规则的逾限快件，运费可用于抵免新快件的运费

项目八：委托收件

逾限退费服务的项目说明

序号	类别	项目说明
1	服务介绍	如你需要委托我司至其他地点收件，请拨打电话转人工服务受理或填写顺丰速运委托收件函后，传真至我司，我司即可接收委托上门收件
2	如何收费	20元/票 （注：委托件服务费仅针对在中国大陆取件的委托服务；运费另计）
3	适用对象	所有客户
4	如何办理使用	（1）电话委托 （2）传函委托 （3）顺丰速运通委托

项目九：包装服务

包装服务的项目说明

序号	类别	项目说明
1	服务介绍	根据客户所寄快件外包装状况，顺丰速运对外包装不符合运输要求的快件提供纸箱加固包装服务。五款加固包装纸箱固定规格如下： （1）二号纸箱尺寸规格：250mm × 200mm × 180mm （2）三号纸箱尺寸规格：300mm × 250mm × 200mm （3）四号纸箱尺寸规格：360mm × 300mm × 250mm （4）五号纸箱尺寸规格：530mm × 320mm × 230mm （5）六号纸箱尺寸规格：700mm × 400mm × 320mm
2	寄件须知	加固包装纸箱的重量需计入快件的计费重量，客户如有特殊纸箱需求可向收派员或顺丰速运销售人员咨询

项目十：自寄自取优惠服务

1. 服务范围

中国大陆内指定的服务网点。

2. 服务优势

享2元优惠；寄取件更便捷；时间安排更灵活；个人信息更安全。

3. 优惠规则

优惠规则如下表所示。

优惠规则

优惠类别	付款方式	结算方式	优惠方式	享受优惠方
自寄件	寄付	现金	首重立减2元	寄件方
自寄件	到付	现金、月结均可	赠2元电子券	寄件方
自取件	寄付	现金、月结均可	赠2元电子券	收件方

续表

优惠类别	付款方式	结算方式	优惠方式	享受优惠方
自取件	到付	现金	首重立减2元	收件方

注意：

（1）大陆寄往港澳台、海外地区的自取件不参与优惠。

（2）港澳台、海外地区寄往大陆的自寄件不参与优惠。

（3）享受优惠方需在运单上填写手机号码以确保正常接收2元电子券。

（4）立减2元不可与其他优惠（包括试用券、电子券）同时享受。

4．电子券使用说明

（1）电子券限用一次，转发有效。

（2）电子券仅限大陆地区客户寄付使用。

（3）电子券不兑换现金、不找零、不开具发票。

（4）电子券仅限抵免运费，超出的费用需用现金补足差额。

中国港澳地区，增值服务项目

顺丰在港澳地区的增值服务项目多达七项，具体如下图所示。

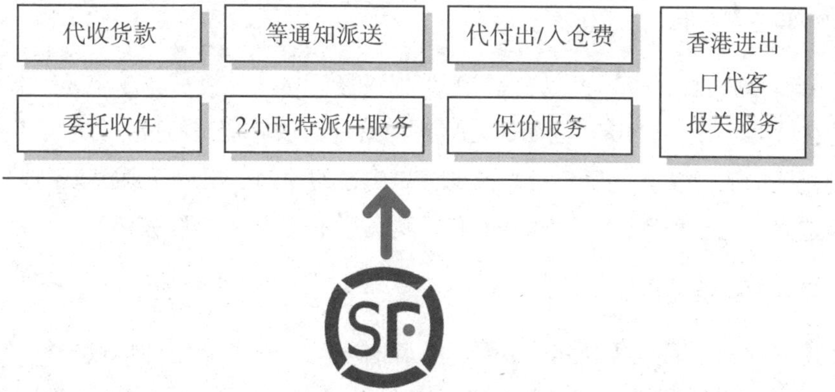

港澳地区的增值服务项目

项目一：代收货款

顺丰速运早已推出全新港澳跨境代收货款服务，为企业用户处理从运送货件至收取货款的繁杂程序。此服务不但有助商家降低成本，而且加快现金周转速度及减少坏账的机会。顺丰提供灵活的回款时间，手续费低，让客户资金调度更顺畅。

1. 香港服务收费标准

香港服务收费标准详情请详询当地收派员，但是有以下两点要注意：

（1）汇率换算按代收货款服务投寄当天计算。

（2）有关代收货款的内容及收费按双方协议合约条款为最终决定。

2. 澳门服务收费标准

澳门服务收费标准详情请详询当地收派员，但是有以下两点要注意：

（1）汇率换算按代收货款服务投寄当天计算。

（2）有关代收货款的内容及收费按双方协议合约条款为最终决定。

项目二：等通知派送

为配合客户需要，顺丰速运诚意为客户提供等通知派送服务。现寄件客户透过此服务，可随意掌握快件派送时间。如有任何查询，可以致电顺丰速运客户服务热线。

项目三：代付出/入仓费

若收派件地址为仓库、物流中心、保税区、海关监管区，顺丰速运收派员可直接代客户先垫付出/入仓费，之后再向寄件人或其指定的付款方收取代付费用及相关的服务费。此服务可以减少客户沟通的烦恼。出/入仓服务费按收寄地点而定，所有于香港区域的出/入仓件，均需收取“出/入仓服务费”。

项目四：委托收件

客户可以通过顺丰速运，安排收、派件员至客户所指定的地点提取货件。此项服务可节省贵公司将货件自旗下供应厂商取回的运送成本，加速出口时效，有关委托件手续费用的详情请详询当地收派员。

项目五：2小时特派件服务

顺丰速运提供定时快递服务，于限定时间内将客户的紧急快件送达目的地，快捷方便。客户成功下单后，快件保证于2小时内完成派送。如未能于承诺时间内派送，2小时特派件服务费用将可全额退回（须受有关条款约束）。但是以下几点要注意：

（1）2小时特派件服务范围为香港岛工商业区及九龙指定工商业区，不包括货仓、住宅区及顺丰速运指定的偏远服务地区。

（2）上午2小时特派件服务时间为星期一至星期五9：00～18：00（截件时间为18：00），星期六9：00～16：00（截件时间为16：00），星期日及公众假期除外。

（3）2小时派送保证只适用于每票快件之首次派送，并不包括因为第一次派送不成功而需再次安排的派送。

（4）退款保证不适用于因地址不正确、无人接收或签收等导致快件延误的情况。

项目六：保价服务

顺丰速运明白除了速度，货件的安全性对高价值物件尤其重要，因此已经将保价服务的服务范围扩展至大中华地区。凡使用保价服务，快件于运送期间如有遗失或损坏，保障金额最高达快件的申报价值，降低了客户所承担的风险。

项目七：香港进出口代客报关服务

顺丰速运早已推出香港进出口代客报关服务，为客户处理报关事宜。客户只需提供相关的报关资料，传真至客户服务部即可办理，方便快捷。

中国台湾地区，增值服务项目

顺丰在港澳地区的增值服务项目多达八项，具体如下页图所示。

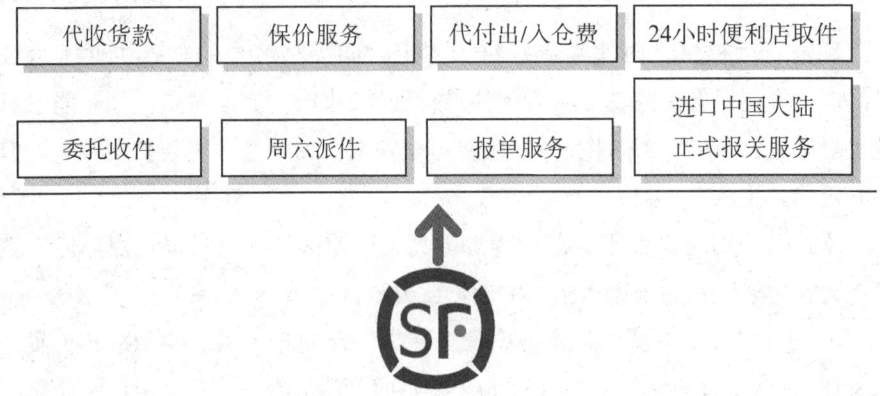

台湾地区的增值服务项目

项目一：代收货款（C.O.D）

凡使用台湾顺丰速运“代收货款”，即可享从出货、配送、收取货款、货款对账到入账之安全的优质服务。

具体如下表所示。

代收货款服务的项目说明

序号	类别	项目说明
1	申请流程	（1）拨打客服电话，留下联络方式及资料，将由专人为你服务。若你为非月结客户，请先申请加入月结客户，待资格通过即可申请使用“代收货款”服务 （2）签订《代收货款服务协定书》，了解其协定内容后，回传至台湾顺丰速运审核通过后，即可享“代收货款”之服务 （3）往后当客户有“代收货款”之需求，即可于下单时告诉客服人员，我们将依据你所委托的货款金额，提供代收货款服务 （4）收款完成后，于下周提供给你完备的交易明细，确认无误后，进行还款作业
2	注意事项	（1）本服务目前仅开放台湾顺丰速运月结客户使用，欲成为台湾顺丰速运月结客户，欢迎来电 （2）目前仅提供NTD30000元以下之现金代收服务

续表

序号	类别	项目说明
2	注意事项	（3）目前“代收货款”服务范围，仅适用于台湾岛内互寄之宅配 （4）还款日若遇银行休假日，一律顺延至下个工作日 （5）“代收货款”服务费，须由寄件方支付，不可转第三方或到付 （6）使用时请提供与快件相符的收款凭证，如你与收件人约定无须收款凭证，则一律以运单作为收款依据

项目二：保价服务

顺丰速运推出的保价服务，给客户提供更安全、更有保障的服务，让客户寄得更安心。

项目三：代付出/入仓费

若收派件地址为仓库、物流中心、保税区、海关监管区等场所，需要排队等候出/入仓，或产生非顺丰速运收取之出/入仓费用时，顺丰速运可直接代你垫付，事后再向你或你指定的付款方收取代垫付之出/入仓费用及服务费，以减少贵公司与客户沟通的成本。

项目四：委托收件

客户可通过顺丰速运，安排至客户所指定的地点（台湾服务范围内）提取货件，且无须负担额外费用。此项服务可节省客户将货件自旗下供应厂商取回的运送成本，加速出口时效。若客户有以上需求，要在“委托收件”截单时间内备妥“委托收件通知单”“商业发票”“装箱单”等文件，传真至顺丰速运。

委托收件服务时间：周一至周五：9:00～16:00，周六：9:00～12:00。

委托收件服务专线：（略）。

温馨提醒：

（1）请详细阅读“委托收件通知单”条款，备齐正确资料并填写完整，以利即时收货出口，准确报关及确保物件顺利送达收方客户处。

（2）运费计算方式将以收件时的包装与货物实际情形为准。请贵司依照所填写的取件时间前将物品准备好，取件时若未准备完成将不进行等待，若时间过晚将取消取件服务。

项目五：周六派件

台湾一般公司皆为周休二日，若快件收方可于周六签收货件，顺丰仍提供派件服务，且不加收任何费用，但是有以下两点要注意：

（1）请寄件客户寄件时，于运单“备注栏”填上“周六派件”之注明，并提供收方正确的电话号码/手机号码，以便于联系。

（2）若寄件客户忘记备注，请你提前一日致电客服预约“周六派件”，以利于及时收件。若均未做安排，正常周一配送。

项目六：报单服务

如客户有商业申报需求，可以于事前提出报单申请，顺丰速运暂无提供事后申请报单服务。报单申请种类又分为简易报单与正式报单。简易报单是指货件经由快递出口且价值低于新台币5万元。另外货件价值新台币3001元以上者，皆可作正式报关，如价值新台币5万元以上，则强制以正式报关。

项目七：进口中国大陆正式报关服务

进口中国大陆正式报关亦称为“D类报关”。由于中国海关对快件内容之数量、材质、价值限制严格，如采用“进口中国大陆正式报关”，在正确的报关资讯下，将可大幅提升货件通关效率，具体如下表所示。

进口中国大陆正式报关服务的项目说明

序号	类别	项目说明
1	收费标准	进口中国大陆正式报关，运费按“台湾出口价格表”国际标准快递服务B区及C区之运费计算，不额外加收服务费。唯货件产生之关税，将按海关征收之金额，由客户全额负担
2	准备文件	（1）需备妥“报关委托书”“发票”“装箱单”“合同”“报关单”“出口核销单”“合同手册” （2）如需检疫请提供“报检委托书” （3）名牌产品请提供“授权书”，如有其他监管条件，请提供“商检证明”或“出口许可证”等资料

续表

序号	类别	项目说明
2	准备文件	（4）如涉及“香港转口证”时，请提供正本给顺丰速运向香港海关办理清关手续
3	服务时间	周一至周五9：00～16：00、周六9：00～12：00

项目八：24小时便利店取件

通过顺丰速运，你可把货件送至指定的便利店门市，即使加班再晚，或有约会在身，也不必勉强赶回家等待货件，让你轻松弹性安排时间。具体如下表所示。

24小时便利店取件服务的项目说明

序号	类别	项目说明
1	服务范围广大	全台4900多家全家、莱尔富、OK便利商店网点密集，只要有此3家便利商店的地方，阿里山上也能到店取件。目前服务只适用于台湾本地快件，离岛件暂不列入便利店取件范围
2	24小时随时取件	24小时的便利店取件服务，让客户更便于安排生活，不必浪费等时间
3	贴心简讯提醒	货件抵达指定的便利店的第1天及第4天，客户将会收到由顺丰速运发送的取件通知简讯。请于简讯内容指定的时间内，携带身份证至便利店核对身份后，随即可领取货件。若设定拒收广告简讯或长时间未开机之用户，可能无法收取简讯，敬请见谅
4	寄件流程	（1）寄件前，请寄方确认货件规格是否符合本服务的“收件限制” （2）与收方“查询便利店门市”，确认方便取件的便利店与“运费及付款方式” （3）确认完成，请寄方记下欲寄送的便利店代码及名称 （4）致电客户专线下单，并告诉客服人员你指定的“便利商店代码＋名称”

续表

序号	类别	项目说明
4	寄件流程	（5）下单成功后，请寄方备妥货件，于运单派件地址栏处填上“便利商店代码+名称”，并留下收件方正确手机号码 （6）收派员至寄件人地址上门取件，即可完成寄件流程
5	取件流程	（1）货件抵达便利店后，将以简讯通知收方 （2）收件人至指定便利商店取件，即可完成取件。（请收方于货件到店起七日内，备妥身份证至指定便利店核对无误后，于标签处签名后方可领取商品。） （3）若收方因个人因素，如设定拒收广告简讯或长时间未开机，而未收到简讯，亦可以原运单号码于顺丰速运官网“货件追踪”查询进度。 （4）当快件从大陆寄往港澳台及国外时：大陆寄件方客户及大陆付款方客户（寄件方及付款方需填写相应客户编码），均可享受积分
6	服务时间	周一至周六9：00至县市截单时间预计到店时2个工作日。但有一点要注意：“预计到店时间”指收件后运送至便利店的预计工作日（不包含顺丰速运收派员收件当日）。如遇假日将顺延到便利店工作日。若受天气等其他不可抗力之因素影响可能会有所延迟，敬请见谅
7	运费及付款方式	运费及付款方式详情请详询当地收派员，但有一点要注意：于便利店收取的进口件除运费（依进口件运费）外，须另加便利店收取服务费（NTD50）
8	寄件注意事项	（1）请妥善包装货件并放入适当且足量的缓冲包材，以避免配送过程中碰撞损毁 （2）寄件前，请查询禁寄品明细，顺丰速运有权拒绝承揽危险或不合乎规范之货件 （3）货件寄出后，若需要改变便利店门市，请致电客户专线，了解货件进度。货件抵达门市后，恕无法提供转寄其他便利店门市的服务 （4）部分位于学校、游乐区、医院或偏远地区等便利店门市，无法提供全年24小时无休服务，请客户寄件前特别留意

续表

序号	类别	项目说明
9	收件注意事项	（1）台湾顺丰速运无法提供便利店退货、原单转寄或转店收件服务，若对货件内容或指定门市有任何问题，请与你的寄件方联络 （2）便利店亦提供代领服务，请代理人携带本人与收件人身份证至便利店取件，以便核对身份

新加坡，增值服务项目

目前，在新加坡提供的增值服务项目，主要是第三方委托收件。寄件方客户可以要求在登记地址以外的地点收件，享受更便捷的服务，该项服务免费。寄件方客户需至少提前1个工作日在顺丰速运官网下载表格或拨打客户服务热线进行预约。

马来西亚，增值服务项目

马来西亚的增值服务项目，主要包括自取件和第三方委托收件。

项目一：自取件

客户可自行前往顺丰的分部收取快件。

地址：（略）。

营业时间：周一至周五：8：30～19：00、周六：8：30～13：30

项目二：第三方委托收件

寄件方客户可以要求在注册地址以外的地点收件，享受更便捷的服务，该项服务免费。寄件方客户需至少提前1个工作日进行预约。客户可以在顺丰速运官网下载表格或拨打客户服务热线进行预约。

泰国，增值服务项目

顺丰速运在泰国提供了较平均市场价格低至六四折的快递服务，并保证快件可在两至三个工作日内送到用户手中。具体项目要以顺丰官网公布的为准或者咨询当地顺丰快递员。

韩国，增值服务项目

顺丰速运在韩国提供了全境服务，具体项目要以顺丰官网公布的为准或者咨询当地顺丰快递员。

美国，增值服务项目

顺丰速运在美国提供的服务，具体项目要以顺丰官网公布的为准或者咨询当地顺丰快递员。

越南，增值服务项目

顺丰速运在越南提供的服务，具体项目要以顺丰官网公布的为准或者咨询当地顺丰快递员。

澳大利亚，增值服务项目

顺丰速运在澳大利亚提供的服务，具体项目要以顺丰官网公布的为准或者咨询当地顺丰快递员。

蒙古，增值服务项目

顺丰速运在蒙古提供的服务，具体项目要以顺丰官网公布的为准或者咨询当地顺丰快递员。

印尼，增值服务项目

顺丰速运在印尼提供的服务，具体项目要以顺丰官网公布的为准或者咨询当地顺丰快递员。

印度，增值服务项目

顺丰速运在印度提供的服务，具体项目要以顺丰官网公布的为准或者咨询当地顺丰快递员。

柬埔寨，增值服务项目

顺丰速运在柬埔寨提供的服务，具体项目要以顺丰官网公布的为准或者咨询当地顺丰快递员。

第三节　服务特色之供应链

顺丰速运先后推出了服装行业和手机行业的供应链解决方案服务，依托自身运输配送资源及网络资源，现代化的仓储配送服务，为商家提供仓储、分拣、配送一站式的供应链物流解决方案，打造物流、信息流、资金流三流合一的服务。下面对顺丰供应链解决方案做一个简单的介绍。

供应链之服装行业的“快时尚”

服装行业具有产品生产大规模、小批量、多款式、周期短、周转快、季节性强等特点，若不进行科学管理，不但会造成大量浪费和损失，而且还会导致生产效率降低，成本提高。在物流配送环节中，能否提高周转速度，降低库存，除了取决于借助物流企业是否具备完善的配送网络和丰富的运送经验外，还需要对行业有非常深入的认知。

顺丰速运依托强大的运输配送资源及网络资源，为客户提供仓配一体化和强大的系统服务，帮助客户建立快速供应链，以降低运营成本，促进店铺成交转换，推动品牌提升，进而达到成功的目标。服装行业“快时尚”的供应链解决方案，具有多元化的配送、专业的仓储管理、逆向退货及调拨服务，以及强大的系统服务特点。

供应链之多元化配送

（1）与顺丰速运4000多个自有网点无缝对接。

（2）365天服务，多频次中转，全国最多的专机保障，遍布全国各地的专业递送人员，实现快速、高质量的配送，提升客户体验感知。

（3）标准快递、顺丰速运特惠、国际件、顺丰速运特安、跨省即日到、省内即日到、普货等丰富的产品，为客户提供多种选择。

（4）市内门店循环补货配送、代收货款、垫付货款、保价、虚拟地址、签单返还、代付出/入仓费、逾限退费、包装服务、自寄自取优惠等多样化的增值服务，解决客户个性需求。

供应链之仓储管理

（1）在全国各主要城市建立多个仓库，提供电子商务（B2C）仓储、零售（D2R）仓储等专业仓储，满足总仓或多仓需求。

（2）全球领先的WMS（曼哈特）系统可随时查看各仓库存，调拨方便，减轻渠道管理压力；可依据电商及门店不同的拣货策略，快速完成出货；可实施有效率的动态盘点。

（3）RF技术，支持万级SKU的分拣服务，使库存、发货准确和及时。

（4）提供简单的外观质检、整烫、换贴标签、发票打印等多元化的增值服务。

供应链之逆向退货及调拨

（1）提供买家在全国各地的退货服务，客户只要下单给顺丰速运，1小时内上门提货，完成服装买家退货的需要。

（2）全国各个门店需要调货，客户只要下单给顺丰速运，1小时内上门提货，完成客户调拨需要，把握商机。

供应链之强大系统

（1）不论是管易、百胜、企业ERP（Enterprise Resource Planning）还是淘宝等平台，都可直接与顺丰速运系统对接，实现数据快速传递，为商家、买家提供全程的物流信息，实时掌握订单路由状态。

（2）顺丰速运自主研发的系统，全面覆盖库存控制、退货管理、订单查询、配送管理、代收货款、费用结算等各个环节，为客户提高作业效率。

供应链之手机行业的"掌时尚"

顺丰速运依托自有航空、自建网点和丰富的产品服务，为手机制造商、分销商、零售商、运营商和电商提供个性化的一站式供应链解决方案，具体如下表所示。

顺丰为手机行业供应链提供的解决方案

序号	类别	项目说明
1	定制服务	（1）定制产品组合，顺丰速运标快、特惠、即日、代收货款、保价等产品、服务，灵活组合 （2）定制仓储服务，支持专业仓库设计、特定设备需求，更有防静电仓、普通/恒温仓可选

续表

序号	类别	项目说明
1	定制服务	（3）定制专项操作，配合客户业务特性调整操作方式、配送时间、指定签收等 （4）定制客服方案，专职VIP客服，监督服务质量，及时响应异常情况
2	安全保障	（1）全球领先的WMS（曼哈特）系统对产品串号进行跟踪管理 （2）自营网络、自有运力，自主研发的货物跟踪系统，更有营运车辆跟踪监控 （3）个性化账单、运单，保护客户的信息安全 （4）提供保价服务，为你的产品保驾护航
3	准时配送	（1）全国各地的退换货服务、各门店的调货，承诺1小时内上门提货 （2）提供零售门店直配和市内循环补货服务，并能即日派送 （3）提供准时、定时、预约、优先等多种派送服务
4	高效作业	（1）各类企业ERP、第三方软件和电商平台等，均可实现与顺丰速运系统无缝对接 （2）路由、异常信息以及COD（Cash on Delivery）收款信息自动化推送、实时传递 （3）专业的仓库条码作业，串码管理、二维码等技术应用，确保运作效率及准确性

供应链之B2B、B2C、C2B

针对B2B（Business to Business）、B2C（Business to Consumer）和C2B（Consumer to Business）等不同商业模式的需求，顺丰速运为他们提供了一系列的解决方案，具体如下表所示。

顺丰为B2B、B2C、C2B供应链提供的解决方案

序号	类别	项目说明
1	D2R门店配送	助力从分发中心至门店的配送，及时满足门店的调拨补货、分仓补货等需求 特别推荐：手机分销商、零售商

续表

序号	类别	项目说明
2	D2C（Designer to Customer）零售物流解决方案	助力从企业分发中心至消费者的快速配送，结合物流、信息流、资金流，提供专业的仓储管理、准确的分拣、高效安全的配送服务，以提高终端客户的满意度及品牌形象 特别推荐：平台网站、生产厂商和通信运营商等企业
3	RSL（Runtime Shared Library）逆向物流解决方案	助力从消费者至分发中心仓库或维修中心的及时流转，帮助缩短退换货及调拨订单流转时间，实现及时准确的退换货、调拨订单跟踪、客户订单透明化管理 特别推荐：手机制造商、分销商、通信运营商

顺丰速运作为快递龙头，还未曾涉及专业的供应链解决方案服务。据知情人士透露，除了服饰行业、手机行业外，顺丰速运已陆续介入3C、电商、医药、制造业等多个行业。顺丰速运除具备针对不同行业的多种仓储方式外，也提供如条码打印、换贴标签、包装服务、衣物熨烫、质检等多元化的快递增值服务。此外，顺丰速运会根据不同客户需求提供弹性较强的定制化解决方案。

相关链接》》

顺丰或介入药品配送

在处方药网售放开之际，越来越多的资本想在这座“金矿”中分享盛宴。对于蓬勃发展的医药电商来说，解决“最后一公里”的物流配送难题已刻不容缓。

近日，一位不愿具名的物流行业人士向《每日经济新闻》记者透露，顺丰正在为2015年处方药放开后介入医药物流做准备，有可能是想进军医药电商。多位受访的医药电商人士接受采访时称，已收到风声“顺丰要来了”，但不清楚顺丰对医药电商的规划布局。

对此，2015年2月2日顺丰方面对记者回应说，公司已成立的食品医药事业部，着重于药品配送。

第四节　服务特色之走进社区

顺丰速运，作为一家国内家喻户晓的民营快递品牌，可以说已经做到了小有成就。但是顺丰并不满足于现有的状态，他们并没有停下前进的脚步，不断开发创新，实现了一个又一个新高。

近几年来，顺丰速运真正地走进居民的生活中。在居民生活的社区中开设了服务社区店。其工作原理就是居民进入服务社区店，通过店中的电脑和一些上网设备进入顺丰速运的专用网购网站，对自己所需的商品进行挑选。经营理念是通过与多个不同商家的合作联系，依附顺丰这个平台，实现共同经营，共同盈利。当然顺丰速运还是作为运输收发其企业的主要经营模块来进行多商品的运输和代售。

当然，顺丰速运还在不断地完善外加行业模块，例如现在很流行的团购服务，ATM银行业务，家电销售维修等等，这些都是居民生活中很普遍、很细小的方面，但是却是非常亲民，服务于民的项目。顺丰已经在不断地摸索，开拓出更多行业的业务，力争成为全面、系统的企业。

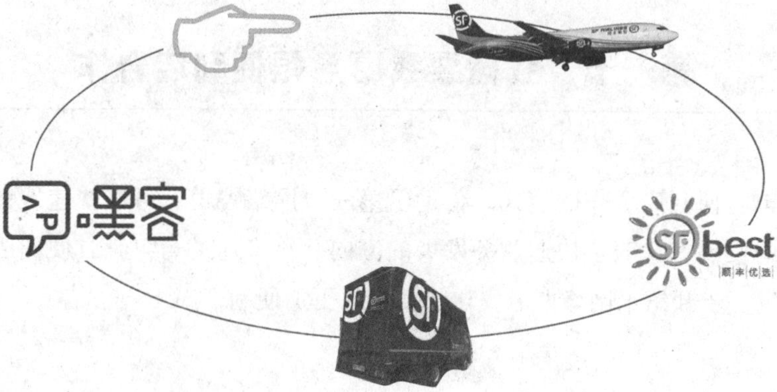

第六章
顺丰，为啥开间便利店

导言：

由于社会化物流不够强势，中国没有类似美国那样依托强大社会物流体系发展出的社区门店体系，没有全国性连锁经营的强大零售企业，即使顺丰想收购其他便利店也不行，只好产生了自建自营便利店的想法。

第一节　我需要我愿意跟便利店合作

顺丰与便利店合作的模式，借助了第三方网络渠道，可以快速地推动其快递业务的发展，代表了快递业务发展的方向。顺丰通过与第三方便利店合作的模式，进一步开拓了网络渠道，让收发包裹更加便利。

顺丰速运与7-11便利店合作

顺丰速运通过不断携手与第三方便利店合作的模式，将快递业务延伸至终端。2011年10月，顺丰速运与7-11（7-Eleven）深圳直营店展开合作，7-11在深圳旗下的100多家门店大部分已经成为顺丰速运的“授权代办点”。

与8字连锁便利店合作

2011年12月1日，顺丰速运再次携手广州拥有48家连锁店的8字连锁便利店，在快递业务方面展开合作。通过与第三方便利店合作的模式，顺丰速运进一步开拓了网络渠道，让收发包裹更加便利。

与苏果连锁便利店合作

2013年12月，顺丰速运在南京又与苏果连锁便利店达成合作意向，充分运用其旗下“苏果”“好的”等便利店的网点优势。目前，顺丰速运已在南京市内100多家苏果连锁便利店开设该项业务。

第二节　我有钱我任性就想开间便利店

从大洋彼岸的美国，到日本、中国台湾地区，“快递+便利店”的模式已经遍地开花。众所周知，顺丰在2011年就开始探路“快递+便利店”，但情况却不容乐观，推出没多久，北京的便利门店要么宣告停业，要么放弃便利店业务，只单纯作为一个快件收发点。

在日本，7-11便利店已经成为快递的存取站点，消费者到便利店取件、寄件，节约了不少物流成本。顺丰速运的做法属于“主体互换”，快递公司开设便利店，可以贴补取件点的店面租金。如果销售牛奶、面包等需要日常配送的产品，快递公司还可以在运输快件的同时运输商品。如此一来，快递公司的物流和销售成本都能减少。

顺丰在取件点销售商品的另一原因是为了抓住核心客户。现在很多白领在家办公，顺丰速运盯住了这些目标客户的需求。

相关链接》

顺丰自营便利的优势

虽然顺丰选择自营便利店遇到了种种难题，但是自营便利店也能为顺丰带来各种好处。

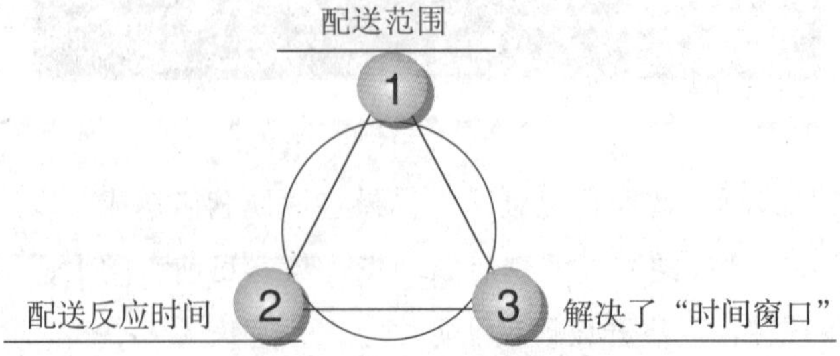

顺丰自营便利店的优势

配送范围

根据A.T.Kearney咨询公司对国内主流快递公司做的评估报告显示，顺丰无论在哪个测试方向上都属于第一梯队，但相对于其服务水平、服务覆盖范围稍显劣势。既有的便利店网络是便利店企业按照自身企业量身定做的，不一定能与顺丰的客户分布区域重叠，不足以满足顺丰的营业网点覆盖面需求。

这些让顺丰发现，还是需要自己挖掘可能的经营空间，铺设更为广泛的末端配送网络，才能更接地气地将触角深入自己的终端客户中间，更贴近消费者，从而通过培养消费习惯，来打造一批坚实的忠诚客户。

同时，要增加订单量，扩展服务范围也是很有效的手段。在2013年12月与易迅确定合作之前，顺丰的整体业务中保留了很大一部分以文件合同递送为主的高端业务份额，来源于电商的发货量只有8%。与易迅的牵手表达了顺丰期望更多地吃到电商这块蛋糕的愿望，但能否真正从四通一达手里抢到美味蛋糕，现在还不得而知。如果顺丰通过开发便利店网络，挖掘居民区订单，再结合其电商发展战略，则可以大大扩大其营业范围，而且不可忽视的一点就是，很多小型淘宝卖家正是扎根在社区的。

配送反应时间

“最后一公里”是众多快递企业的死穴，高成本、低效率、弱管理，大量包裹卡在了末端环节。顺丰在产业链的末端也未能寻找到一种行之有效的创新配送方式。想用高于竞争对手的收费，在四通一达与淘宝商家的亲密无间中寻求更大的利润，必须拥有长于其他快递的地方。

物流配送环节中有一个“时间窗口”的概念，即消费者预订了明天上午10～12时取货，快递则必须安排快递员在10～12点之间上门配送，而这2个小时就是此次配送的“时间窗口”。随着服务水平的提升，消费者所要求的“时间窗口”会越来越短、越来越精准。

解决了“时间窗口”

随之而来的就是配送车辆的路径问题、快递公司与员工之间的统筹安排问题，以及如何在一次配送中尽可能多地收发包裹的问题。对于快递，特别是顺丰这样有“收一派二”高要求的企业，配送的“时间窗口”对造成重复配送有很大的影响（特别是要直达消费者手中，不允许寄存小区物业）。设定配送时间的消费者很多，会有不同的时间窗口设定，因为大部分客户的工作时间比较统一，所以很多时间窗口是相互覆盖重叠的，这样快递企业就必须设计配送的路线。

设立一个面对周边小区的配送点（便利店）就能很好地解决这一系列的问题。面对愿意接受自提包裹服务的消费者，只需要提早一个时间段将可配送包裹运送到相应的便利店，消费者便可以在最合适的时间去提取包裹。一次有效的派送避免了重复运输的问题，自然极大地节省了人力、物力成本。

物流交付期意味着完成一次订单配送所需要的最短时间，消费者订货周期意味着消费者愿意为一次物流服务花费多久的等待时间。将交付期控制在订货期以内，才能算一次成功的物流配送服务。面对日益提高的消费者预期，缩短物流服务交付期，延长消费者订货周期，建立依托于便利店的快递配送站，无疑会大大提高物流服务水平。

深入社区的初衷

2011年顺丰在深圳开设了第一家顺丰便利店，截至2013年已有近百家顺丰便利店，主要分布在深圳和广州等城市。除了常规的便利店服务外，还提供自寄自取、文印处理、扫描传真等服务，并提供送货上门服务，只是之前顺丰未能将此模式快速推广开来。

但还有很多需要配送点的地方没有这些便利店的布局，所以顺丰就干脆自己来了，顺便一起把因为存取包裹而带来的便利店消费一并纳入自己的囊中，来买东西的更愿意自提包裹，相辅相成。

布局“最后一公里”

一直以来，“最后一公里”是众多快递企业的死穴，高成本、低效率、弱管理，大量包裹卡在了末端环节。有相关人士说，“顺丰就是要占领终端，布局最后一公里。”

其实顺丰早就瞄准了“快递+便利店”，因为国外快递公司经营便利店有成功的案例，顺丰具备开便利店的实力，只是低调的顺丰从来不张扬自己的成功。

第三节　我有钱我任性就想开间嘿客便利店

被视作电商新贵和未来的O2O业务，目前却几乎没有一家企业能做得像模像样。所以，当快递业巨头顺丰率先进军O2O业务时，业界无不充满了关注和期待。顺丰也果然有钱就任性、不负众望，在2014年5月正式运营O2O社区便利店，现已在全国开了3000多家。这是顺丰为了实现“顺丰速运+顺丰优选+顺丰移动端+金融+社区O2O服务平台+农村物流”的重要布局。

是否解决了“快递自取”

“最后一公里”的效率问题是所有物流快递公司的一个困惑，而快递自取被视为目前阶段较为可行的一种选择。然而快递自取必须遵循的一条原则就是，必须借用现有线下资源为依托，这样才能有效地控制投入和成本。

根据嘿客店这么高标准地自己租场地，自己装修，配自己的店员，就为了顺便让客户来店里取几件快递走？这样会给人有点杀鸡取卵的感觉，难道顺丰有钱也要这么任性？顺丰嘿客店显然不符合“最后一公里”要求的。

十几二十平方米的嘿客店本来就不大，还要搞那些的业务版块，并且还以快递包裹为主营业务，这人来人往的，顾客完全没有亲身体验的感觉。

更重要的是，随着电商的高速发展，快递业的竞争也日趋激烈。消费者已经习惯了在网上买东西，快递会直接送到家的服务体验，为什么还要上门取货呢？嘿客店再近也好不过送到自己手中方便。

顺丰这样的做法是认为在保护个人隐私。但是从订单数量的比例来看，需要保护个人隐私的订单绝对没有超过整个订单的千分之一。其实对于这个问题，电商网站都早替客户解决了，因为“隐私包装”早就已经出现了。

投入与盈利是否成正比

这其实不是顺丰第一次做社区便利店生意，但此前2011年就开始的便利店生意已经宣告失败草草收场。嘿客店算是顺丰针对社区便利店的升级版，融入了电商、快递、体验、服务等新概念。

顺丰嘿客店提供了下图所示的几类业务和服务：

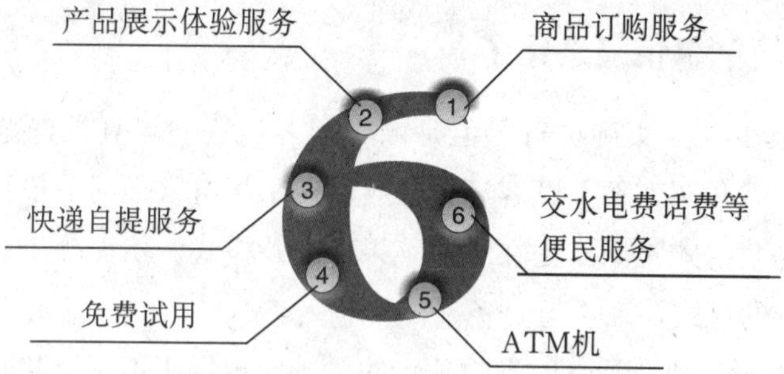

顺丰嘿客店提供的几类业务和服务

尽管嘿客店往往店面面积仅有10～40平方米不等，但由于多半都位于主流城市较繁华临街地段，所以店面租金都不低。再加上顺丰要求统一的高规格装修布置，以及专职员工等，一个嘿客店开业需要投入资金数十万元。这种投入，显然已经超出了所谓社区便利店的范畴，更对未来盈利挖了个大坑。

摆列的商品是否贴近生活

当然，投入高，如果产出高也没问题。然而，以嘿客店现在的经营状况，要赚钱几乎是不可能的。因为嘿客店真的称不上便利店，里面几乎就没有实物商品，一家标准店里，除了两台用来供顾客上网选购下单的平板电脑外，就是墙上的带有二维码的各种商品宣传图，面积大一点的嘿客店偶尔有几样展示商品，小面积的连展示商品都没有。

不仅如此，就是墙上展示的商品品种也少得可怜，基本上就是些数码产品、食品、鞋包等，以及少量并不实用的礼品。而用现场的平板电脑登录上去，网上主要还是顺丰优选的商品，以及部分合作商家的商品。

这些商品都不是便利店或者小区超市商品的概念，也不是一般老百姓日常购物消费的必需品，老百姓要的油盐酱醋、生鲜、日用品、饮料、矿泉水、卫生纸、面包、酸奶、熟食、烟酒等等，这里是少之又少！老百姓是不会在一间十几二十平方米、摆着几件样品甚至连样品都没有的展示店里浪费时间的，因为他可以直接上网购买，还可以去附近大的商场超市购买。

是否把简单事情复杂化了

商品少就少，能买到也行。但是顺丰嘿客店这一点真是奇葩，店里只展示，不销售。要想买东西，顾客还得在店里用平板电脑上网下单订购，然后等着快递给你送货。难道顺丰是在学习苹果的经营模式？然而顺丰却学出了个让人“看不懂”的模式。

嘿客店里所售的商品真的没啥独特的，既然现场买不到，甚至绝大多数商品没有实物乃至连图片都没有，顾客为什么要大老远跑到你的店里来买，不在家里直接上网买呢？顺丰嘿客店这样做，用一句俗话来讲，绝对是“把简单的事情搞复杂了！”

是否有便利店的便利性感觉

在各种商业广场、大型超市以及电子商务盛行的今天，为什么便利店还能顽强地存活着？其最大的优点就是：它真的很便利！尤其是在你急需的时候！

社区便利店往往都开设在小区大门口，还有些更小规模的便利店甚至开设在小区楼宇内。多数社区便利店开业时间都很长，尤其是晚上，一般都能开到晚上九十点，甚至有不少24小时营业的。离家近，几步路就到，开业时间长，随时可以去买东西，这是便利店生存的基础。

一般人大宗购物和计划购物肯定都是周末去商场和超市了，而便利店要解决的就是日常临时性和特发性的两大需求。比如，家里酱油用完了下楼买一瓶，电池用完了赶紧买个电池，下班路过口渴了来瓶饮料喝喝……而稍微大一点的社区便利店或者小区超市，往往还卖蔬菜肉类水果等生鲜，方便满足小区居民日常饮食的需求。顺丰嘿客店这两大需求却都做不到，也提供不了。顺丰嘿客店标榜的所谓新一代社区的便利店，真的是鸡肋中的鸡肋，一点用都没有。

是否把便民服务的“点”打偏了

顺丰嘿客店的便民服务包括门店提供衣服干洗、飞机票预订、话费充值、缴水电费等多项便民服务。从目前嘿客店的实际运营情况来看，这一块包括另一块金融服务，多数还处在空白阶段，也就是还未能提供这类服务。

首先，现在的网购业务十分发达，网上包括直接用手机买飞机票、话费充值甚至交水电费等都十分方便快捷，这类服务网上业务已经开始快速替代线下业务。

比如说干洗服务项目，一是干洗服务的早期投入很高，二是现在哪个小区附近没有几家干洗店呢？就算嘿客店是在小区附近，因为干洗服务不是顺丰的强项，根本就没有跟专业干洗店竞争的资本。如果嘿客店不开在小区附近，而开设在了商业区，顾客没事不送小区附近的干洗店，却跑大老远送去嘿客店干洗？除非顾客跟着顺丰一起“疯”了。

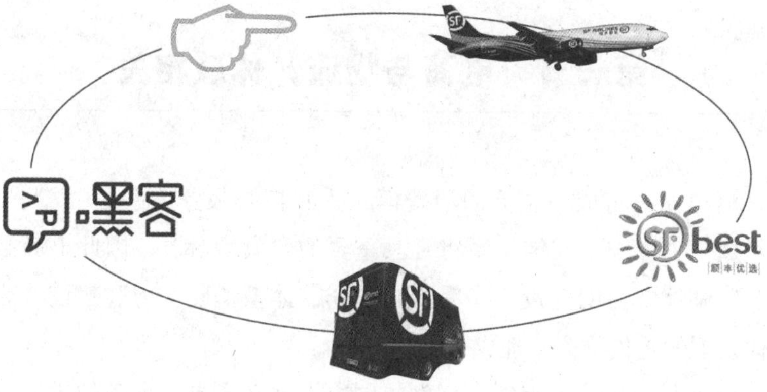

第七章
顺丰，是否要与电商巨头马云一决高下

导言：

电子商务物流服务配套能力不足已成为电子商务本身发展的瓶颈。近几年，中国电子商务平台厂商从数量到营业额都经历了快速增长，足见其市场规模之大，身为国内民营快递业龙头的顺丰自然不想放过。对于顺丰而言，其在快递业打造的品牌优势将在这些方面凸现出来，所以其进军电子商务只是顺其自然罢了。

第一节　电商与物流，休戚相关

未来电子商务将成为主流的消费模式，其核心服务体系是由“小前台+大后台”组成，物流与供应链体系将是其重要的“大后台”，因此电商必须重视“大后台”整体实力的建设，在完成当前仓储体系“硬实力”建设之后，基于供应链体系下的现代物流管理成了管理核心。

电子商务与物流唇齿相依、互融协同。谁掌握了电子商务的供应链，成为真正的链主，谁就会赢得未来的电子商务。

电商自建物流体系的有哪些

近几年，电子商务公司（以下简称“电商”）纷纷主动自建物流体系，到底有哪些电商自建了物流体系呢？具体如下表所示。

电子商务公司自建物流体系

序号	物流公司	物流体系
1	凡客诚品	第一个建立自营物流的应该就是凡客诚品了，凡客最先在电商界建立自己的物流，即“如风达”物流，现在大部分业务将由第三方昆山物流公司接手。消费者收到的凡客诚品商品不再是“如风达”送达的，而是由其他快递公司代为送货。可以说“如风达”物流是失败的
2	当当网	当当网建立了北京、上海、广州、成都、武汉、郑州六大物流中心，共在全国建立了超过50万平方米的物流中心
3	京东商城	京东七大中心城市是沈阳、北京、西安、成都、武汉、上海、广州，分别对应的是各自的区域
4	卓越亚马逊	卓越亚马逊有北京、广州、上海和昆山4个仓库

续表

序号	物流公司	物流体系
5	阿里巴巴	阿里巴巴物流平台上已积聚了德邦物流、天地华宇、新邦物流、佳吉快运、大田陆运等20多家专业物流公司，整合了全国50万条线路，拥有上万个物流网点
6	1号店	1号店，拥有北京、上海、广州、武汉、成都五大仓储中心，目前1号店订单已覆盖到全国（除港澳台外），1号店创立自己的配送中心在全国范围建数千个配送站，商品最远送到南极科考站
7	苏宁易购	苏宁易购在全国有多个始发仓库，分别是：南京、北京、上海、广州、沈阳、成都、武汉、西安、杭州、深圳、重庆、天津。其中南京、北京、成都、广州四个仓库提供全国发货服务，沈阳、武汉、西安、上海四个仓库分别提供东北、华中、西北、华东（浙江、福建、上海、江西）片区发货服务，杭州仓库提供浙江省发货服务，深圳、重庆、天津仓库提供同城服务

电商为什么要自建物流体系

电商为什么要自建物流体系呢？是被动，还是主动？是战略投资，还是资本需求？其实，归根结底，无非是由于管理升级的挑战与行业竞争的必然。具体而言，可能有如下表所示的几点原因。

电商自建物流体系的原因

序号	原因	具体说明
1	由于物流服务需要	找不到适合自身业务发展需求的物流服务商
2	迎合资本市场，建立线下实体有形资产	对于电商而言，有形资产更容易稳定投资者的信心。此外，商务规模的成长需要实体的展现，对于已上市的企业需要通过物流体系的不断扩张，进一步展现企业持续地高速成长的能力
3	管理升级的必然	物流运营管理为电子商务提供有力的数据支持，实现订单管理与物流服务的有效协同，以及基于供应链管理的采购计划、库存控制、市场预测的有机匹配

续表

序号	原因	具体说明
4	供应链“链主”的价值使命	作为分销商的电商，真正做到“主动”发展，一定要具备供应链“链主”的实力。在市场受限于客户、产品受限于制造商（品牌商）的现状下，以物流和供应链体系为核心已成为电商企业的重要战略
5	地产投资与税收的吸引	各大电商选择自建物流中心，迎合了当地政府招商引资、吸引新型服务业需求的同时，也获得当地优厚的税收政策，无意中实现了圈地投资策略

物流企业为何到电商碗里“抢饭吃”

顺丰速运集团总裁王卫表示，现金流、信息流、物流“三流”的结合将是企业未来的发展方向。在物流业做大之后，顺丰速运将在电子商务和金融业务上开疆辟壤。

当然，除顺丰速运外，其他物流企业同样对电子商务虎视眈眈：

（1）中国邮政携TOM亲耕B2C电子商务“邮乐网”上线。

（2）中铁快运打造公共网络交易平台“快运商城”正式上线运行。

（4）申通在杭州搭建电子商务平台。

顺丰“逆向而行”的原因何在

物流企业涉入电子商务领域，可以说是“逆向而行”，也可以看成从被动服务到主动服务的角色转变，有的尝鲜，也有的迎合资本需求。深度剖析，主要基于如下因素，具体如下图所示。

因素一　对电子商务的认识不足

对于电子商务的认识肤浅，从外行角度看，对于电子商务的认识不足，认为电子商务仅仅是建立一套基于企业的门户平台，再利用自有的物流体系就可以运作了

因素二 希望抓住一线商机

第三方物流长期处于被动服务的角色。在被动服务客户的时候，看到电子商务热火朝天地发展，也有试水的想法，希望抓住眼前的一线商机

因素三 误认为掌握了“核心竞争力”

电子商务行业都在大力推动自建物流体系，可以看出物流是电子商务发展的核心竞争力，物流企业误认为自己掌握了所谓的“核心竞争力”，盲目地向上、下游衍生

因素四 资本的驱动

电商建立物流体系受到了资本的热宠，当前具备一定优势物流网络的企业在资本的鼓动下，满怀信心地涉入电子商务领域

因素五 弥补业务吃不饱

当前第三方物流企业，利润的空间靠的是整合与集约，有平台的情况下自己也想“跑跑马”，在实现新业务探索的同时，也弥补了物流体系吃不饱的现状

物流企业“逆向而行”的原因

物流企业涉入电子商务，仅仅是一种探索。要想取得成功，必须具备专业的技术管理团队和科学的管理体系。如果在当前物流服务都不能够做好的前提下就盲目涉入，想要走得很顺利并不是那么容易的事。

成为链主才能赢得未来的电子商务

“未来的市场竞争将不再是单个企业的竞争，而是行业供应链整体的竞争”，谁掌握了行业、产业的供应链，成为链主，谁将成为未来最大的赢家；电子商务与物流唇齿相依、互融协同，谁掌握了电子商务的供应链，成为真正

的链主，谁就会赢得未来的电子商务。有人说，阿里巴巴的马云、京东商城的刘强东、顺丰速运的王卫是未来电子商务与快递融合后的三足鼎立的王者。这一天也许会到来，因为他们都是在做好自己领域的同时，延伸到整体供应链建设，这三家企业都具备做链主的实力。

易迅与顺丰的合作之路能走多远

易迅与顺丰的结合颇被业界看好，双方高层也非常看重。从行业情况来看，拉拢顺丰确实可以快速提升易迅的物流能力，这对易迅向三、四线市场渗透有非常大的好处。不过从长远来看，两者的合作存在不愿挑明的间隙，只是暂时双方的合作利大于弊，不过未来会怎样谁都不知道，没准现在认为是问题的问题，随着合作的深入也就不是问题了。易迅与顺丰合作有诸多好处，不是一家人却进了一家门，合作能否持续长久还不太好说。易迅与顺丰之间存在竞合关系，不管是合大于竞还是竞大于合，都要看双方之间的磨合。

顺丰与易迅合作也有自己的考虑，顺丰计划向西南扩张，与易迅的战略不谋而合。和易迅建立合作，至少可以让顺丰在西南地区可以保证一定的基础业务量，顺丰正好借势易迅。易迅方面再想通过腾讯协调一些广告资源，顺丰进入西南市场便指日可待了。另外，易迅物流副总裁林捷接受采访时曾透露，“从长期来看，双方的战略合作还将会不断升级，凡是顺丰能够覆盖的区域，易迅优先将订单分配给顺丰配送。”这句话的意思可以理解为，若顺丰配送做得好，易迅可能会考虑将配送任务完全交给顺丰去做，而易迅物流本身专注在仓储建设上。

此外，双方在生鲜食品电商市场的竞争关系。随着易迅联营平台从华东区域试点生鲜、进口食品，双方在生鲜等需要冷链物流的品类方面合作。而生鲜食品电商市场是顺丰自主打造的电商网站顺丰优选的主打阵地。

顺丰想成为最大的生鲜食品电商

王卫已经将电商押宝在生鲜市场，并投入大量精力建设冷链物流，目标很明确就是要成为最大的生鲜食品电商。而生鲜食品电商的市场前景无法估量，电商巨头都在紧盯这一市场，腾讯电商当然也不想放过。阿里巴巴投入巨资打造菜鸟网络，腾讯电商自建物流可能难与阿里巴巴匹敌，而顺丰现在从阿里巴巴获得的电商业务量不算太大，还有机会脱离阿里巴巴投向腾讯怀抱。

腾讯真心想投入顺丰也还有机会，就看马化腾的诚意了。马化腾和王卫都想涉足电商，一个有电商互联网资源，并且在移动互联网领域让马云寝食难安；另一个有物流资源，并被称为马云最佩服的人。如果有了王卫+马化腾组合，那马云就得哆嗦了。

第二节　荔枝是顺丰优选的“爆款名片”

总部在深圳的顺丰速运做荔枝可以说是合情合理的，作为荔枝的主产区，荔枝一直是广东最受欢迎的水果之一。而荔枝作为礼品，常常成为异地客户、亲戚朋友之间相赠的首选礼物。因此在线下，荔枝一直是顺丰速运做零售的强势品类。

SF best
顺丰优选

一颗荔枝从树上采摘下来，到送到消费者手中，中间不超过30个小时。这是顺丰优选引爆荔枝的速度，或许也是生鲜电商能给到的极限速度。不过，顺丰优选的荔枝大战并不仅限于此。

2013年5月30日，顺丰优选在北京的10个地铁口派发第一批来自广东增城的荔枝，将京城这场荔枝大战推向高潮，也将线上的荔枝战火烧到了线下。引爆2013年夏季的荔枝，顺丰优选已经酝酿很久。速度和品质决定了谁才能在这场京城荔枝大战中完美取胜。

优选荔枝的三大卖点

顺丰优选负责人在接受相关媒体采访时表示：只有往供应链上端走，顺丰优选才能获得更高的毛利，赢得盈利空间。2013年5月2日，顺丰优选首款台湾直采产品——太阳堂凤梨酥上线，通过缩短供应链，这款产品的价格几乎是其他电商平台上同类产品的一半。

对于荔枝这类保鲜期极短的时令水果，如何保鲜和运输都对顺丰优选的物流配送提出了更高的要求。

除了海南、广东、广西以外的省份，客户要想吃到新鲜、无水无冰的荔枝是一件颇为奢侈的事情。在没有任何保鲜措施的情况下，一颗刚从树上摘下来的荔枝的保鲜时间是2天。因此，中国大部分地区能买到的荔枝，一般使用加冰或者药水浸泡的方式保鲜。顺丰优选的采购员在广东的深圳、增城、东莞和高州四个城市，寻找合适的果园，其对荔枝的品种、成色、种植环境都有严格的要求。与线下水果市场上看到的荔枝相比，顺丰优选的荔枝有着几大卖点：

顺丰优选荔枝的卖点

为了保证荔枝的安全性，驻扎在广东的顺丰优选采购员要在现场确认荔枝的品质。同时，荔枝包装盒上的二维码也可以帮助消费者追溯商品信息。如荔枝品种、重量、产地、采摘时间、装箱时间和发货时间。

用户在顺丰优选上下单，系统就会出现订单信息，采购员根据订单进行采摘和包装，通过顺丰速运自己的飞机，将荔枝发往全国，以体现快递生鲜产品的核心价值。

优选荔枝被打上礼品的标签

与顺丰优选其他的生鲜产品不同，顺丰优选的荔枝更多地被打上礼品的标签，一盒2.5kg的荔枝，售价在150～300元不等。尽管价格远高于市面价，但通过原产地直采、24～30小时内送达、全程配送无水无冰，这些荔枝与市面上看到的绝大多数荔枝相比，在口感和品质上都有很大的提升。

这样一种价格适中、品质优良、送货上门的时令水果，确实是异地客户、亲戚、朋友之间送礼的佳品。而顺丰优选以礼品为主打的“时令优选”板块，一直在尝试用原产地直采，来弥补供应链端的短板，这种试水也取得了不错的效果。

顺丰优选还将樱桃、粽子、大闸蟹、水蜜桃这些时令水果和特产，借助顺丰速运这张大网的优势进行直采，以减少上游供应链的成本。

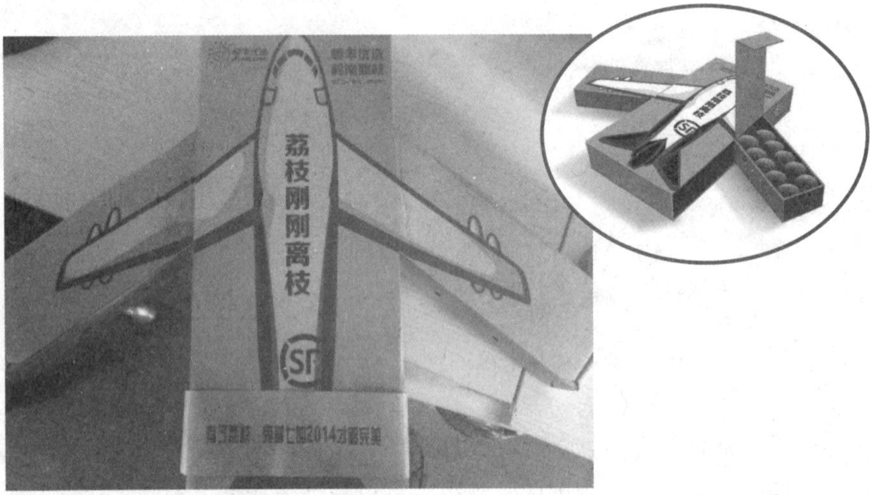

顺丰速运大力增加荔枝原采地

尽管2013年是顺丰优选在线上第一次尝试做荔枝，但是在顺丰速运内部，荔枝却已经是一个非常成熟的品类，每年这个时节，顺丰速运线下零售荔枝的业务，都能保持几百万元的利润。

顺丰航空就组织多个航班，在荔枝这些时令优选产品上给予优先权，保证荔枝等生鲜品送达消费者手中的新鲜度。2013年，顺丰优选在品类上加入了茂名和高州两大荔枝品类。其实茂名的荔枝在品质和品牌知名度上都很高，但因为物流的问题很难运出来。顺丰速运开始尝试，在顺丰速运和顺丰航空的配合下，顺丰优选的茂名荔枝有组织地进行快速运输。

相关链接 》》

顺丰优选2015年战略：做开放平台

顺丰优选总裁崔晓琦向亿邦动力网透露，顺丰优选正在与部分国内商家合作尝试开放平台模式，而开放平台的正式推出和大规模招商大约在2015年第二季度。

崔晓琦表示，未来顺丰优选将会走自营加开放平台的模式。顺丰优选的开放平台将是一个类似自营的平台，用自营的标准去引进供应商，在运营端做更多的监控，并要求商品必须由顺丰来承运。因此，最终能够进入顺丰优选开放平台的商家也不会很多。

据崔晓琦透露，顺丰优选2014年的销售额同比去年增长了200%以上；客单价在260元左右；移动端销售占比超过30%；平台上国外品牌和国内品牌的占比大约是4：6。

关于顺丰优选2015年的发展重心，崔晓琦介绍，除了做顺丰优选的开放平台外，日前上线的进口电商平台“优选国际”也是一大重心。此外，顺丰优选还将尽可能提高来自海外直采的SKU的占比。

另外，顺丰优选2015年还有一些新的项目上线。比如推出“礼品中心”这一独立频道。“礼品中心”将会汇集一年中所有的节日或者用户定制的节日，向客户推出针对性的礼品包装。“比如说你要送礼，在礼品中心选择送给谁之后，我们就会根据节日去定制礼品及包装的组合，包括贺卡的设计，让你在送礼时方便地根据需要选择套装。”

除了礼品中心，顺丰优选2015年上线的另一个重要项目是为用户提供C2B的定制化采购。

“如果你去了国外，在当地吃了什么东西特别好，但确实在国内买不到，又愿意多花一些成本去购买这个产品，顺丰优选可以帮你采购和运输，一单也送。当然如果你拉来10个客户或者100个客户一起购买，价格肯定会更低。我们希望通过这种方式更多地跟客户互动，也算一种增值服务。”崔晓琦说。

在顺丰优选的“落地”方面，其正在尝试与嘿客门店进行联动，店内除了有宣传展示，还将提供现场下单和常温包裹自提服务。2015年，顺丰优选还计划与更多社区便利店达成合作。

崔晓琦认为，生鲜电商最关键的战略就是仓储和物流，社区便利店将是非常好的方向，比如冷链运输的产品可以存放在社区冰柜，在物流和包装方面都会有大的节省。

“虽然2014年5月才开始与嘿客合作，但销售比例已经占到15%，优选将非常坚定地走这条道路。我们也在考虑针对不同的社区推送不同产品，比如引入一些中低端品牌。”崔晓琦说。

回顾2014年，崔晓琦认为，这一年中，顺丰优选在以下方面获得了提升：

（1）从市场上来说，顺丰优选的品牌被更多的用户和供应商所接受，过去顺丰优选需要更多地走出去招商，而现在更多的是供应商主动来找顺丰优选谈合作。

（2）从货品上来说，顺丰优选正在和更上游的供应商合作，以保证产品价格的竞争力。

（3）从运营上来说，2014年顺丰优选在运输、包装、仓储等多个方面做了优化，正在努力地降低运营的成本。“包括我们2014年4月推出的移动端，增长是非常快的。”

相关链接

顺丰优选大事记

年份	大事记
2012年	（1）5月31日，顺丰优选正式上线，北京区域全品类配送 （2）12月12日，顺丰优选“时令优选”频道上线，特色经济产品开通全国配送
2013年	（1）2月26日，顺丰优选新增上海、广州、深圳三个城市常温产品配送 （2）3月26日，顺丰优选新增天津、南京、苏州、武汉、杭州五个城市常温配送服务 （3）4月26日，顺丰优选新会员体系上线 （4）5月2日，顺丰优选首款海外直采产品太阳堂凤梨酥上线 （5）5月26日，顺丰优选开通天津生鲜配送 （6）5月31日，顺丰优选成立一周年 （7）9月9日，启用华东仓、华南仓，开通28个常温商品配送城市（北京、上海、广州、深圳、天津、杭州、苏州、武汉、南京、石家庄、唐山、廊坊、保定、常州、合肥、湖州、嘉兴、金华、马鞍山、南通、宁波、绍兴、台州、泰州、温州、无锡、芜湖、扬州、镇江、东莞、佛山、清远、中山、珠海、肇庆、惠州、江门），9个生鲜商品配送城市（嘉兴、上海、苏州、无锡、杭州、广州、深圳、东莞、佛山）

续表

年份	大事记
2013年	（8）10月10日，开通20个常温商品配送城市（大连、哈尔滨、沈阳、长春、济南、青岛、太原、烟台、郑州、南昌、徐州、福州、南宁、泉州、厦门、汕头、长沙、成都、西安、重庆），覆盖除港澳台外的中国所有大区 （9）11月5日，开通17个常温商品配送城市（宿迁、连云港、淮安、盐城、衢州、舟山、丽水、韶关、湛江、茂名、梅州、汕尾、河源、阳江、潮州、揭阳、云浮），覆盖江苏省、浙江省、广东省全境 （10）12月1日，顺丰优选将常温商品配送城市扩展至全国，凡是顺丰速运可到达的地方都将成为顺丰优选的服务范围。这是顺丰优选上线以来规模最大的一次扩张，顺丰优选也正式成为全国性食品电商
2014年	（1）2014年3月26日入驻京东，进入多平台战略 （2）2014年3月，顺丰服务范围新增23个县区（甘肃省定西市渭源县、吉林省通化市辉南县、四川省广元市苍溪县等） （3）2014年4月，顺丰服务范围新增44个县区（宁夏回族自治区中卫市沙坡头区、贵州省贵阳市息烽县、黑龙江省大庆市肇源县、内蒙古自治区呼伦贝尔市牙克石市等） （4）2014年5月，顺丰服务范围新增41个县区（云南省玉溪市华宁县、山西省大同市阳高县、四川省广元市剑阁县、西藏自治区林芝县等） （5）2014年5月18日，顺丰嘿客便利店启动，为顺丰优选O2O战略布局开辟新章。借便利店全线布局社区末端 （6）2014年6月，顺丰服务范围新增70个县区（贵州省安顺市关岭布依族苗族自治县、甘肃省白银市景泰县、陕西省安康市石泉县、内蒙古自治区赤峰市巴林左旗等） （7）2014年10月，顺丰服务范围新增37个县区（贵州省遵义市余庆县、黑龙江省伊春市翠峦区、山西省忻州市神池县、四川省乐山市峨边彝族自治县等） （8）2014年11月11日顺丰优选的海外代购网站正式上线，命名为“优选国际” （9）2014年12月31日顺丰优选年末放大招，管你一年吃吃喝喝！在2014年即将接近尾声之际，顺丰优选开启了一次大规模的回馈抽奖活动。用户登录顺丰优选网站，即可参与抽奖。奖品包括满200元减30元。全场通用优惠券、300元的牛奶券、500元的水果券、400元的蔬菜券、400元的肉券以及400元的米券

续表

年份	大事记
2015	（1）（活动时间：2月3～14日）一车年货随你拉，超多大奖等你拿 （2）（活动时间：2月3～14日）美食代言人靠谱大事件 （3）（活动时间：2月3～14日）只为遇见你酒哥篇 （4）（活动时间：2月3～14日）新年礼先行 （5）（活动时间：2月3～14日）谈情利器 （6）（活动时间：2月3～14日）美卡菲有料！够任性 （7）（活动时间：1月30～2月9日）他们是未来的希望 （8）（活动时间：1月27～2月9日）贵州好酒知多少 （9）（活动时间：2月4～14日）中国年韵味十足 （10）（活动时间：1月27～3月3）羊意健康送爱送心意 （11）（活动时间：2月3～14日）美食环球大派礼 （12）（活动时间：2月3～9日）非买不可的平价年货

第三节　顺丰优选是否处于骑虎难下的尴尬局面

顺丰优选于2012年6月1日上线，提供以食品类目为主的商品销售。2011年12月设立公司，注册资本为1000万元。

顺丰创始人王卫坚持认为，做电商是一个机会。电商行业，国内第一波机会是做服装的，如淘宝；第二波机会是做3C产品的，如京东、苏宁；第三波机会则是做食品，目前仅有为数不多的竞争者属于“蓝海”领域。顺丰优选经过几年的经营，到底出路在何方？是否如同前两次（E商圈、尊礼会）一样不幸夭折，还是最终实现完美地转身，占据中国电商生鲜产品的一壁江山？现在下结论还是为时尚早。

顺丰优选为何定位高端食品

一直以来，生鲜行业高损耗、高配送成本以及难以扩张的特点，决定了这个行业难以在短期内盈利。生鲜产品更多的只是顺丰优选打破消费者心理防线的手段，顺丰优选定位高端食品平台的初衷并没有变化。顺丰优选全面强调三大品类，如下图所示。

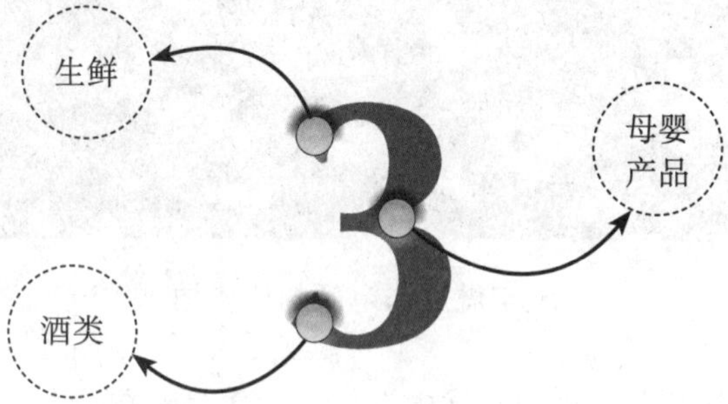

顺丰优选经营的三大类

（1）生鲜是顺丰优选的强势品类，是增加客户黏度的。

（2）母婴则能够提升用户群体。

（3）酒类为毛利率做出了巨大贡献。

在食品类目中，酒类是标准化程度最高、毛利最高的产品，但也是最难做的一个产品，高客单价以及储藏、运输的特殊性，都是摆在酒类电商面前的难题。

除了在渠道上更接近生产终端，顺丰优选也在有意识地培养消费者对于酒类的认知。例如，顺丰优选做了一个关于贵腐酒的专题，详细介绍了该酒的来源与功能，想不到两个品种的贵腐酒短短几天就销售一空。

虽然这是一次成功的尝试，但是顺丰优选的团队也一直在学习如何挖掘产品真正的卖点。

顺丰优选做生鲜电商的优势

与京东、1号店等电商平台的注册制不同，顺丰优选将采取邀请制，即邀请那些符合顺丰优选条件的品牌和产品入驻，目的是为了提供更优质的产品。

顺丰做生鲜电商的广告语

顺丰优选采取邀请制是为了优中选优。对于生鲜电商的核心竞争力是冷链和品质管控能力。实际上，从顺丰优选的运行来看也不难看出其在这几方面的长处。

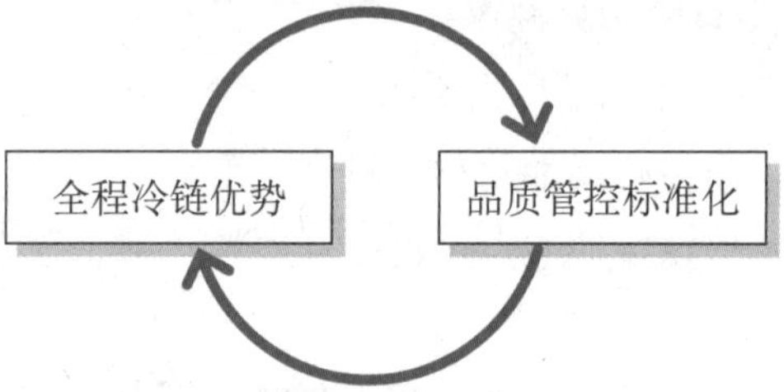

顺丰优选做生鲜电商的优势

优势一　全程冷链优势

顺丰优选对外承诺，生鲜商品不超过48小时送到，常温商品不超过72小时。当然，顺丰优选的底气在于顺丰速运的物流优势。目前，顺丰优选的产品是顺丰在配送，常温商品已经实现了全国覆盖，只要顺丰能到的地方，优选的常温产品都可以到达。无疑，对生鲜产品而言，冷链更是重中之重。顺丰优选的生鲜商品能快速到达消费者手中，靠的就是顺丰冷链的优势。

顺丰冷链配送的广告语

顺丰的冷链物流目前已经扩展到48个城市。在这些地区，对生鲜商品实行“全程冷链配送”，即当商品离开库区后，分拣和包装操作场地具备温控条件、装入温控箱运输、收派员将商品装入保温袋上门派件。所使用的温控设备包括冷藏箱、冷冻箱、冰盒、干冰、保温袋等。而“全程冷链配送”都由一家企业来做，顺丰冷链算是独树一帜的。

实际上，冷链配送是一个相对高技术含量的活儿。有以下两个高要求：

（1）对温度、运输距离和时间的要求，尤其是温控，如果温度升高的话，食品的微生物会增多，食品很容易就会变质。

（2）对卫生条件的要求，生鲜易腐的商品如果运输条件不干净，也容易引起变质。

对于这两个高要求，顺丰优选主要是租用现成的库房，并在此基础上做冷链改造。顺丰优选现拥有北京、嘉兴、广州3个仓库，每个仓库有5个温控区，包括常温区0℃～30℃、冷藏区0℃～8℃、冷藏区8℃～10℃、冷冻区–18℃、恒温恒湿区15℃～18℃，并配有–60℃冷冻柜。

优势二　品质管控标准化

从顺丰对品质管控的方式和方法上也能看出优选的优势。生鲜是非标准化的，所以在采购、仓储、物流等方面特别需要精细化。顺丰优选有专门的采销部，还有一系列的严格规范制度。

标准化的商品比较好判断，但比如水果等，每批都不一样，比较难判断。

生鲜从业者首先要求是“农业专家”，要知道产品好不好，顺丰仓储的工作人员在做质检时，也要看手感、大小等，要“望闻问切”。这种精细化、标准化管理是比较复杂的过程，所以仓储也在做标准化管理手册。

在顺丰优选，有一个部门叫作食品质量与安全部，负责从食品采购到销售的全程质量监控。前期是对企业资质做审核，还会请第三方检测机构进行检测。更重要的是商品进库时要做人工质检，要求每一批货都要有质检报告。

顺丰优选的蔬菜大部分是有机蔬菜或是精选菜。合作方都是大型蔬菜基地。顺丰优选的蔬菜损耗率控制在1%左右，这在传统超市看来是非常难达到的。

顺丰优选能做到这点，其原因如下：

（1）蔬菜货源本地化，不需远距离运输。

（2）蔬菜采购员对销量估计非常准，当天进当天销。

（3）保鲜比起超市做得好，因为一直放在冷库里。

以上这些都是顺丰优选在品质管控上的严控之处。

顺丰优选做生鲜电商的劣势

顺丰优选尽管有母公司强大的配送体系支持，但其上线后走得并非一帆风顺，食品电商的劣势有以下几个方面。

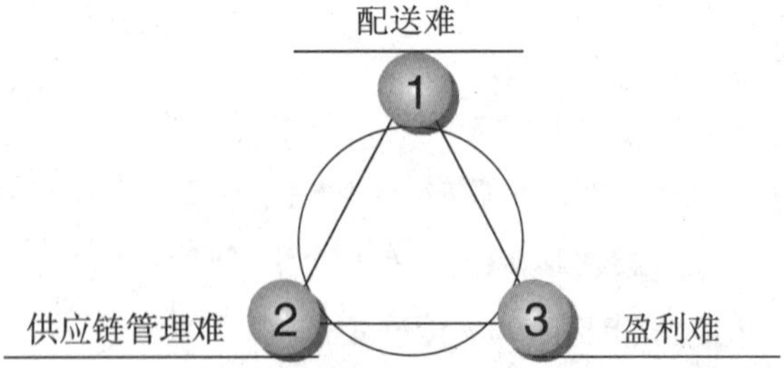

顺丰优选做生鲜电商的劣势

劣势一　配送难

电商行业多年来一直在推动宅配物流的发展，生鲜电商加冷链宅配对家庭零售市场二次增长的推动作用也是必然的。说到运输安全，现在人们对此还没有清晰的概念，关注更多的还是食品安全中的生产安全。其实，运输过程的温控不当会造成生鲜商品百分之十几的损坏率，如果加冰又会影响口感，外地蔬果为了保鲜也会添加含二氧化硫等化学物质的保鲜剂。这些内行所谓的“门道”也是顺丰优选入行之后才深入了解的，为此顺丰优选成立了专门的质量与食品安全部门，负责建立公司的产品安全标准，制定安全管理流程，并进行严格监督和定期培训。

目前顺丰优选对于生鲜商品的配送有以下两种模式：

（1）入库的商品实行全程冷链配送，实现“从库门到冰箱门”的无缝对接。

（2）产地直采商品通过顺丰集团的快速物流，实现24小时“从源头到舌头”。

以上这些都有效地保证了运输安全。

劣势二　供应链管理难

要想做好食品的供应链管理，就先要成为一名农业专家。常温商品大家会有一定的“常识”。服装、3C等商品容易建立统一的管理标准，而生鲜商品品类繁多，每类商品都有不同的挑选和储存要求，这要求生鲜管理者首先要成为一名农业专家。

以水果为例，顺丰优选会在入库、出库时进行两轮人工质检，入库时水果要“稍欠成熟”，出库时要“稍欠一点成熟”，这样才能保证用户入口时达到“刚刚好”。工作人员要能感觉到水果在软硬程度上的微妙差别，这种经验是由拥有多年水果贸易经验的员工摸索出来，然后通过多轮培训向其他员工推广的。如草莓，工作人员在挑拣草莓时要佩戴毛线手套，这是为了防止手与草莓接触引发草莓表面温度升高进而形成溃疡。这样的操作方法至少要做3次实验才能得出，这些方法连同实验过程都会被详细记录在标准化手册中，作为每周一次的员工培训教材。在商品储存上，顺丰优选的仓库分了5个温控区，包括常温区0℃～30℃、恒温恒湿区10℃～15℃、冷藏区8℃～10℃、冷藏区0℃～8℃、冷冻区-18℃，并配有-60℃冷冻柜，预包装食品、红酒、热带水果、温带果蔬、肉类、深海鱼等对号入座，可满足全品类食品的储存要求。

除了懂得食品本身还要知道它的市场在哪里。随着国内食品安全事件的频发，人们对于高品质进口食品的认可度越来越高。

美国食品工业协会预测，到2018年中国将成为全球最大的进口食品消费国，市场规模将高达4800亿元。这样大的市场潜力以及背靠顺丰的全球采购与物流优势，让顺丰优选将经营重点放在了进口美食上。在具体品种的选择上，顺丰遍布各地的员工又成为现成的美食捕手，他们会推荐各地最具特色的优质美食，比如在进行台湾商品采购时，由顺丰优选的采购人员提出需求，顺丰台湾区的同事会协助进行当地供应商的推荐与资质审核，最终选择了凤梨、凤梨酥、柳丁橙等最受大陆欢迎且方便运输的食品，并且省去了其他中间环节直接将商品从台湾运到优选仓库。但像武汉鸭脖子、广州牛肉丸等美食虽然味道美、人气高，但因为缺乏安全标准，也只能忍痛割爱了。

劣势三　盈利难

虽然市场潜力巨大，但是食品电商要深入人们的日常生活还有很长的路要走。如今人们对于食品的消费还是习惯手摸为真眼见为实，食品电商前期对于仓储、物流的大力投入也对其盈利能力提出了考验。不过这些投入大多是一次性的，未来食品电商的发展还是要从提升用户购物体验、品牌知名度、客单价和重复购买率等方面入手。未来，顺丰优选会继续坚持中高端定位，致力于成为人们购买全球美食及分享美食文化的首选平台。随着越来越多年轻人步入中产、形成食品网购习惯和对食品电商的信任，市场蛋糕将越来越大，而这个过程也需要众多同行一起来培育。

相关链接》》

粽子将顺丰送上了电子商务的道路

2009年，浙江嘉兴顺丰区部获得了一个额外的收获，卖掉了100多万元的“五芳斋粽子”。快递员借助端午节契机，将耳熟能详的五芳斋粽子推销给江浙沪一带的顺丰客户、端午节几乎家家都会吃粽子，这算是刚需，再加上“包邮”吸引，成交率自然会高。

这次误打误撞的销售尝试，让顺丰敞开了思路，之后便用相同的手法在中秋节卖月饼，在春节卖年货，就连大闸蟹也如此推销，都取得了不错的成绩，2010年的端午节能卖500多万元的粽子。更令人称道的是，顺丰并没有承担太多风险，只是借助自身配送的优势，建立同客户的信任关系，推销自然而妥帖。

上述故事是顺丰某位离职员工的亲身经历，并说“卖粽子的成功尝试直接将顺丰送上了电子商务的道路”。

顺丰优选把“配送员”特别定位叫“客户代表”，而“客户代表”是销售领域的职位称呼，说到这儿你便知道“客户代表”背后的意义了。

推销粽子的成功经验和“客户代表”的由来，给我们带来启示，王卫定然会想到他那浩浩荡荡的“蚁军”——除了帮人递送东西，还可以自己卖粽子，当然还可以卖更多的产品。

相关链接

顺丰内部回应架构变动传闻：确有通知

2015年3月10日，有业内人士爆料顺丰将对组织架构进行重大调整。对此，亿邦动力网特咨询顺丰内部人士，该人士表示，确实有人员和组织结构变动的通知，但是否涉及具体业务方面的变化无法告知。

该内部人士称，顺丰从前年开始业务多元化，内部很多部门间的业务有融合的需求，因而，才会出现此次人员和部门对应的称谓等的变化，但对于是否涉及具体业务方面的变化，则无法告知。

该内部人士对亿邦动力网表示，此次内部的梳理更多的只是为了便于顺丰内部更好地互联互通，帮助各个业务部门在各自领域拓展，以提高工作效率。

据亿邦动力网了解，昨日下午，中国电子商务协会物流联盟专家委员会主任黄刚则在微信朋友圈中贴出邮件称：顺丰成立商业事业群，顺丰优选，顺丰海淘，福利平台为三家控股子公司，独立经营核算，原门店事业部被撤销，原嘿客业务在调整中。

随后，中国交通运输协会华东工作委员会秘书长王磊在微博上进行爆料称：

顺丰速运近期对组织架构进行了重大调整，将原有业务板块划分为五大业务事业群进行独立运营：速运事业群、商业事业群（嘿客、优选）、供应链事业群（普运、冷运）、仓配物流事业群（电商、海淘）、金融服务事业群（顺手付）。

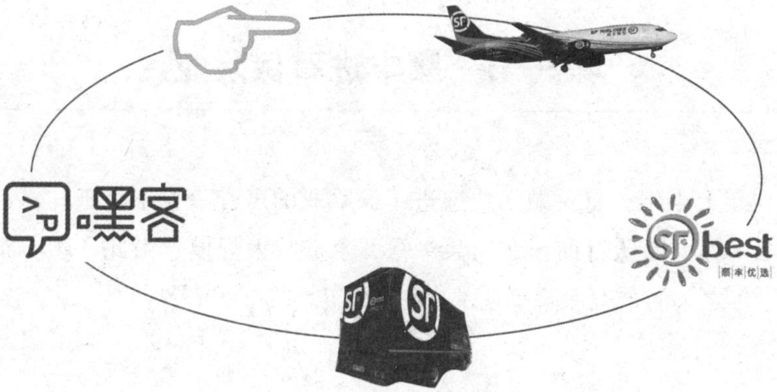

第八章 顺丰，金融版图有多大

导言：

顺丰的金融版图已包含两大块。其中，顺银金融作为内部的交易平台部门，从事金融类的业务；而金融保险服务事业部则是围绕银行、保险等金融机构的物流需求提供服务。随着市场发展的成熟，会对快递增值服务的要求越来越高。顺丰通过金融相关产品向综合物流商转型是毋庸置疑的。

第一节　顺丰进军保险业

2014年上半年，有关顺丰快递进军保险业的声音一直不绝于耳，甚至有传闻称，顺丰保险团队目前正在招兵买马，急欲壮大规模。由此，顺丰旗下低调运营大半年之久的金融保险事业部也正式浮出水面。

为保险业做外包服务

其实，顺丰金融保险事业部早已于2013年年底成立，2014年就已推出的服务包括针对银行业的信用卡、白金卡专送业务，以及针对保险行业的保单专送业务。7月中旬，又上线了汇票专送业务，为购货、供货的企业银行之间提供票据流转服务。

顺丰金融保险服务事业部所服务的对象皆是银行和保险公司这样的高大上、不缺钱的客户，顺丰就相当于他们的外包或外勤部门。

比如银行间汇票传递、保险公司保单配送、银行针对高端客户白金信用卡配送，这类既要求安全性又存在一定定制需求的递送业务，银行或保险公司既不愿意做也不擅长做，而这些，对于专注于物流配送，且定位中高端服务的顺丰而言，则意味着市场需求帮助顺丰进入金融物流领域。

保险业务占到顺丰金融保险事业部总体业务的大头，业务模式较为成熟。顺丰已与平安、阳光、中美大都会、人保、太平洋等多家保险公司合作，开展车险、寿险的保单专送业务。在派送基础上，还搭配拍照验证、保单管理等增值服务，促进保险公司终端服务的优化。

“不仅送保单，还负责签字收钱。如果客户有异议或拒签，我们还要及时将订单的信息反馈给保险公司，保险公司会根据我们提供的信息对客户做出解释，以此来促进保单销售的完成。”事业部总裁王立顺在面对记者采访时是这样解释何为保单的增值服务。

此外，顺丰开发了专门的IT系统与保险公司保单系统的对接，用以解决保单批量出单、单号管理等问题，以满足保险企业个性化的外包需求。“做金融保险行业的供应商。”这是顺丰方面如此强调成立金融保险事业部的初衷。

发展迅猛的互联网金融市场

事实上，金融保险电销单据的快递服务在国内已有多家快递公司涉足。其中，中国邮政占据了较大的市场份额。随着近些年来互联网金融的兴起和交易的激增，开始对保险产品和票据市场的服务提出了升级的需求，但目前快递公司所开展的业务仅局限于简单的派送。网销、电销的激增，让保险企业的价格和服务几乎不分伯仲。因此，保单配送及相关的增值服务就成为销售环节的关键，在车险的销售过程中更是如此。

金融业互联网化的发展趋势，也是快递领域的机会。顺丰就是将金融业的服务外包做好，满足互联网金融行业的终端需求，将保单的物流配送服务放到保险产品里去做整合设计。顺丰即便是初步涉足互联网金融物流领域，但对于未来的市场空间，顺丰方面却显得很有信心。

第二节　顺丰的顺银金融业务

顺丰金融业务命名为“顺银金融”，其瞄准的客户类型将包括顺丰速运的客户，尤其是合作紧密的电商企业，提供支付、供应链融资等服务。而在某人才网站上也的确出现了顺丰在当地的金融岗位招聘。通过招聘信息描述可见，应聘人员将全面负责地区顺银金融业务组工作，设定顺银金融业务组员工的工作计划与目标，沟通协调地区落地各项事宜，保障有关信贷、支付、电商等工作的顺利开展。

顺丰做互联网金融的机会

顺丰在金融领域开疆辟土，进而实现信息流、物流和资金流的融合。顺丰做互联网金融的机会有以下几个：

（1）身处广东这个民营经济发达的地方，机会更多，金融的政策更好。

（2）顺丰在物流业很棒，在冷链物流更胜一筹。在电商界，黄金、奢侈品、生鲜的配送都是找顺丰。

（3）顺丰的IT系统很牛，在物流行业首屈一指，这是其进军互联网金融的基础。不过，从顺丰方面获得的反馈表明，顺银金融并非顺丰秘密筹划的业务板块。

实际上，顺丰早在2011年就已经启动了顺银项目，内部架构单元属于“顺银支付”事业部。2011年12月，顺丰宝正式获得央行颁发的第三方支付牌照——“支付业务许可证”，有效期至2016年12月21日，其支付业务所属为深圳市泰海网络科技服务有限公司，而顺丰的老板王卫拥有“泰海投资”99%的股权。

获得银行卡收单牌照

2014年7月，顺丰获得了第三方支付领域中的又一牌照——银行卡收单牌照。不过这不属于新增的业务，而是属于内容变更的新增项，其业务所属依然为深圳市泰海网络科技服务有限公司。

所谓银行卡收单业务，是指银行和非金融支付机构等收单机构通过受理终端为特约商户提供的受理银行卡（包括信用卡）并完成相关资金结算的服务。第三方机构的收单业务，主要还是得靠收单、做大规模、在银行与商户之间吃点差来获利。

顺丰金融交易平台——“顺银金融”虽然获得了两大第三方支付牌照保障，但顺丰的金融交易业务主要还是纯粹做内部服务，是整合升级集约化功能系统的一个工具。而银行卡收单则瞄准的主要是顺丰的客户，尤其是为合作的电商企业，提供支付、供应链融资等服务。

不过，此次获得银行卡收单牌照，也在一定程度上为顺丰未来切入第三方支付市场铺平了道路。毕竟，第三方支付市场竞争愈演愈烈，牌照的能量不可小觑。有了牌照，未来顺丰可随时发力对外的支付等金融业务。

其他电商也进军互联网金融业务

根据国家规定，如果从事金融类增值服务，还需获批诸如与金融业务紧密相关的商业保理、小额贷款、基金支付等大量牌照。

目前，在电商市场中，阿里巴巴、京东、苏宁等企业已先后拿牌，而平安银行则拥有一张全金融牌照。在此基础上，巨头们纷纷布局互联网金融业务，特别是阿里巴巴，除了通过支付宝沉淀了客户的资金，小微金融做贷款业务外，与天弘基金联合打造的互联网理财产品余额宝的横空出世，则令业界一片哗然。

顺丰金融概念的雏形

相比于上述公司，顺丰金融未来的走向更接近供应链端，特别是在客户货款结算方面具有想象空间。现阶段，顺丰已启动服饰、手机等多个类目的供应链解决方案，除仓储配送外，还支持代收货款、垫付货款、逾限退费等多样化的增值服务，其金融概念已颇具雏形。

虽然是否涉及互联网金融板块犹未可知，但随着政策和监管的进一步明晰，顺丰杀入这一炙手可热的领域的确存在很高的可能性。

第三节　顺丰做金融是否为了扩大商业地图

顺丰是一家快递公司？物流公司？金融支付公司？还是电商公司？显然已经无法简单定义。在快速布局快递、电商、物流之后，顺丰正试图在金融领域加速开疆辟土。随着顺丰的金融平台——顺银金融正式获得由央行发放的银行卡收单牌照，在整体金融交易业务上已前进了一步。

顺丰的两大块金融版图

顺丰金融的步子还不止于保单配送，还有顺丰旗下的金融交易平台——顺银金融。至此，顺丰的金融版图已包含以下两大块：

（1）顺银金融作为内部的交易平台，从事金融类的业务。

（2）金融保险服务事业部则是围绕银行、保险等金融机构的物流需求提供服务。

顺丰切入第三方支付市场，是为了日后加速“触网”铺平道路。未来会将现有的商业客户资源整合到自身打造的支付体系中，通过速递业务、顺丰优选、顺丰嘿客、顺银等实现融合联动，扩大商业版图。

顺丰想通过金融相关产品向综合物流商转型

对此，顺丰方面一再强调，顺银只是对内结算服务的工具，即便是有牌照的支持，两三年之内都不会有对外的业务张力。金融保险事业部则更没有偏离“做快递”这一传统优势。

随着市场发展的成熟，对快递增值服务的要求越来越高。顺丰通过金融相关产品向综合物流商转型的尝试是毋庸置疑的。国际快递巨头UPS就是在取得本土金融牌照后，兼有物流供应商和银行的双重角色，为客户提供存货、应收款融资、信用保险、设备租赁等供应链金融服务。

顺丰也是在一点点渗透金融业务，发展方向同UPS是一样的。未来顺丰也有可能会提供类似货物保理、质押等金融服务，甚至还有可能自己做保险。

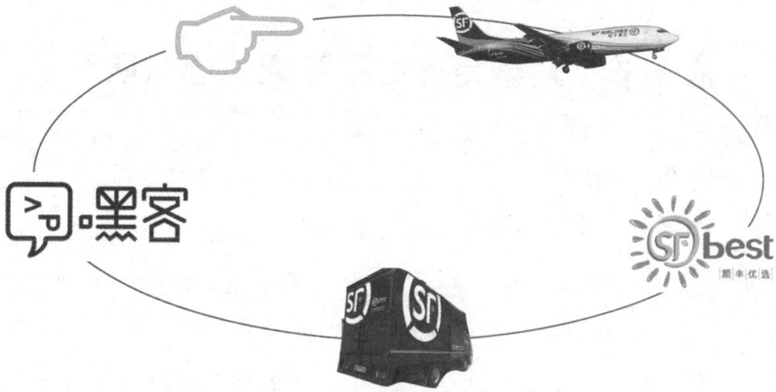

第九章 顺丰，赚到的钱怎么花

导言：

对于并不缺钱的顺丰而言，显然并非单纯为了引入资金，特别是新股东的国资背景，更像是为国家政策层面对物流领域即将带来的变化进行提早布局，并在一定程度上规避其民营身份在变革中可能遭遇到的风险。

第一节　顺丰为什么要靠近“国家队”

选择“国家队”的原因

对于顺丰速运为何最终选择了清一色的国有资本大鳄：元禾控股、招商局集团、中信资本，外部与顺丰速运内部人士的观点不一。

早在2012年顺丰速运传出融资消息时，江南资本创始及管理合伙人钟晓林就透露，顺丰速运“融资的目的是‘染红’，王卫只对国字号的PE（Private Equity）感兴趣”。

顺丰速运为何倾心国有PE？复星创富执行董事白涛分析，“顺丰速运作为一家领先的快递企业，有些业务，如果政府没有明文规定，需要做很多沟通和解释的工作，有国有背景的话，会更好一些”。

一家投资机构负责人认为，单个项目出资可以在几十亿元以上的双币基金，放眼全国只有国开金融、中信资本、元禾控股、平安基金、新天域、弘毅基金等大型基金公司，而能承受得起一二十亿项目的有红杉中国、鼎辉、复星等。“像我们这种体量的投资公司，想投也投不起顺丰速运。”

顺丰速运之所以选择这三家企业，首先在于这三家企业愿意接受这种长线投资方式，并且这三家企业具备雄厚的资本优势，可以让顺丰速运吃下定心丸。同时，鉴于顺丰速运发展国际业务的需要，它会在海外投资，设立分支机构，这些企业可以对顺丰速运在法律、投资经验方面给予指导。此次“联姻”，也符合资本方的诉求。

顺丰速运副总裁王立顺则指出：“我们没有把这三家机构作为融资方，而是作为战略合作伙伴。我们看重的是他们对于顺丰速运的发展战略和现阶段情况都很认可，不会逼着上市，不会要求退市，不会急于变现。”

寄望“国家队”的原因

尽管三家投资方在与顺丰速运的交易达成后也均对外表示，双方的战略合作着眼于长远发展，并不会改变顺丰速运目前的战略方向和品牌主导权。不过，作为中国最大的民营快递公司，引入“国家队”不禁让人猜测，这个从不融资的传奇企业是否正在发生变化？民营控股权是否会继续被稀释？当年马云借助“国家队”排挤美国雅虎和日本软银的故事，在顺丰速运身上会怎样演绎？这些现在看来还都是一个谜。

这家广受资本瞩目的快递企业，近年来被上百家基金、投资公司所追逐，最后却选择了国字号。早在2004年，FedEx策划进入中国市场时就曾找到王卫，其希望以40亿～50亿元人民币的价格收购顺丰速运，但被王卫回绝了。随后，寻找王卫的PE、VE便从未间断过。曾有一位咨询公司的董事长向媒体透露，包括花旗在内的很多美国投资商曾经找到他，希望他能够撮合注资顺丰速运的交易，一旦成交，将付给他1000万美元的佣金。不过，最后都被王卫婉拒。

顺丰融资是战略性融资

尽管顺丰速运公关部负责人陈欢表示，此次融资为战略性融资，投资人对上市便不会有过多的要求。顺丰选择与国字号合作，速运无疑给外界留下了很大的想象空间。对此，苏州元禾方面表示，无论是从整个快递行业的广阔前景考虑，还是从顺丰速运企业本身的发展状况看，选择顺丰速运几乎不用考虑太多。在整个快递行业，顺丰速运一直以来都是标杆性企业。这或许也是王卫为何选择三家有国资背景的投资人作为合作伙伴的原因。

顺丰不从民间融资的原因

快递行业资深分析师徐勇称：“由于战略性融资的特点是长期性，并且没有上市的需求和压力，并不像财务性投资要确定一个资本退出的时间表，其投资者相对看重的是短期利益。”快递行业的特点便是投入大、周期长，相对来说，战略性投资对快递业健康、有序地发展起到很大的推动性作用。不难分析的是，顺丰速运不找民间融资主要是由于民间融资多属财务性投资，它需要短期获得利润，让资本得到溢价，而快递行业是长线投资，短期内上市，易形成泡沫，不利于行业和公司的发展。徐勇称："民间资本是看好这个行业，但是大家缩手缩脚，对行业发展起到的作用有限。"

等待答案揭晓的那一刻

当然，选择"国字号"，对于王卫这种不会轻易改变的人而言，其中必有缘由。不管外界如何评论，顺丰速运的此次选择，一定是经过深思熟虑，而非一时兴起。因为面对国内快递行业融资大流以及国外快递的冲击，顺丰速运必须审时度势，这也是一家企业想要发展，不得不应对的一些现实问题。对于这次融资的真正目的，或许在不远的将来，大家都会惊呼"原来如此"，或是"果然是这样"。到底谁的猜测是对的，总有答案揭晓的那一刻。

第二节　顺丰为什么要融资

这是顺丰速运自1993年成立以来的第一次外部融资。在业界看来，现金流充裕、一向号称"不差钱"的顺丰速运首度融资，更凸显其寻找上市资源的意图。不过，对此，顺丰速运却另有说法。

顺丰融资是为强化核心资源力量

对于"顺丰速运融资为上市铺路"这一说法，顺丰速运的工作人员一再强调，这一举动与IPO（Initial Public Offering）无关，融资将被用于加强原有业务。顺丰速运目前没有上市计划，公司股东也不做这个要求。顺丰速运与机构接洽寻融资的消息，从2012年下半年就已有传出，但顺丰速运都予以否认。顺丰速运副总裁王立顺强调，融入的资金将深入顺丰速运核心资源，进一步夯实和强化核心资源的力量，如顺丰速运信息系统、中转环节及航空枢纽等。

业界认为顺丰融资是为上市铺路

尽管顺丰速运方面表示“目前没有上市计划”，但业界却不这么认为。来自北商商业研究院的分析显示，元禾控股、招商局集团、中信资本都是国有资本大鳄，顺丰速运与其“联姻”看重的不是资金而是“路子”。该人士指出，招商局集团和中信资本背后有庞大的投行资源，作为混迹资本市场多年的元禾控股更是国内资深创投大佬，背后的IPO等各种资源不容小觑，“这一切都是为将来上市打基础”。

顺丰融资是为了加速发展

王卫不喜欢被资本左右早已被业界所知，当时顺丰速运处于内外夹击的境地，似乎也由不得他继续坚持。据一位业内人士透露，顺丰速运尽管在品牌、口碑市场领先，但因为其价格高高在上、主打商务市场，公司的发展增速落后于部分同行。

与此同时，“四通一达”等民营快递同行也在尽量转变成像顺丰速运一样的优质品牌。近期，圆通趁机在航运、信息系统等方面发力，逐渐拉近与顺丰速运的距离。申通、韵达则在大力推行规范化、标准化，与抢占市场份额同时发力。

国际快递巨头FedEx、UPS早已获得国内快递经营牌照，并悄然扩大经营范围，开始在中国新一轮的竞争攻城略地。这意味着，顺丰速运在国内、国际快件市场将与企业规模和管理水平更高的国际巨头短兵相接。

相关链接》》

民营快递融资大事记

2010年：海航1亿元入股天天快递，持股60%。2012年8月，申通以1.6亿元从海航手中接过这60%股权。

2011年2月：有报道称，复星集团正联手联想创投，与韵达快运进行引资洽谈。韵达管理层未否认。

2013年2月：全峰快递宣布：力鼎资本、鹏康资本、凤凰资本将增资扩股，投入资金2亿元。

2013年5月：红杉资本入股中通速递，股权不超过10%。

2014年10月16日，宅急送在京宣布，经过与复星集团、招商证券、海通证券、弘泰资本、中新建招商股权投资基金五家公司半年多的沟通，已达成战略合作意向，不过宅急送并未公布五家公司的注资金额，宅急送创始人陈东升仅透露五家公司注资占股约30%。

2014年11月4日：电商快递平台人人快递正式对外宣布获得1500万美元A轮融资，投资方分别为腾讯和高榕资本。

2015年1月12日：全峰快速继2014年获得云峰基金注资后，再度拿到2亿元人民币投资。本轮融资来自海通证券，是全峰快递的C轮融资。与之前不同的是，全峰将获投资金用到社区O2O和本地生活等新市场。

第三节　顺丰为什么要傍上“招商局”

借助了苏州元禾控股、招商局集团、中信资本融资，顺丰为什么要傍上“招商局”呢？其原因如下图所示。

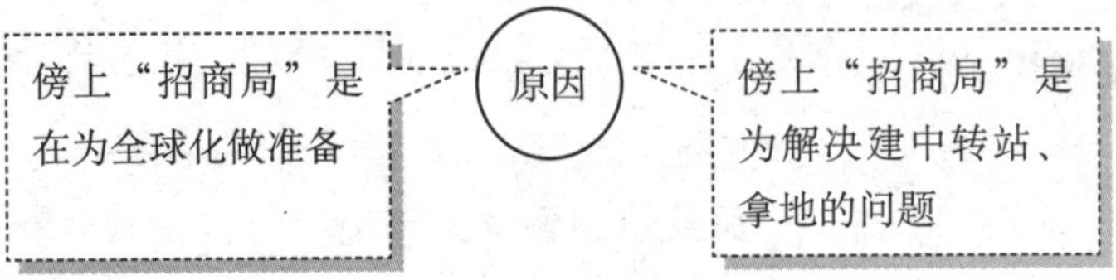

顺丰傍上“招商局”的原因

傍上“招商局”是在为全球化做准备

顺丰速运终于脱掉了“一个人的企业”的头衔，迎来了首批外部投资者。相关业内人士向媒体公开表示，借助了苏州元禾控股、招商局集团、中信资本融资，顺丰速运在巩固国内快递业务的同时，还可以拓展国际市场。

韵达快递副总裁周柏根表示，顺丰速运融资是在为全球化做准备。顺丰速运已经不满足于做国内快递业标杆了，它想要上一个更大的台阶，那就是全球化，不过他还认为，现在海外市场已经有UPS等四大品牌，就像外资快递到中国来一样，顺丰速运想走出去也很难。快递行业资深分析师则表示鉴于顺丰速运发展国际业务的需要，其会在海外投资，设立分支机构，这三家机构可以在法律、投资经验方面给予一定指导。

傍上“招商局”是为解决建中转站、拿地的问题

顺丰速运在海外多个国家开辟了业务，但在美国遇到了一些障碍。引入“招商局”，或许可以解决建中转站、拿地的问题，其他方面的资源也可以利用。顺丰速运副总裁王立顺也在公开场合表示，顺丰速运希望在资本结合的过程中与上述机构进行战略性互补，多一些良性互动，其中在国际、国内供应链的拓展方面有望做得更好。

由此可见，顺丰速运融资的确是在为进入国际市场做准备。顺丰速运持续的国际化需要极大的资本投入，如果真的不借助外部投资的话，那么扩张压力还是相当大的。此外，现在的快递行业还不是很完善，顺丰速运也不能一直停滞不前，其进一步发展，扩充网点依然需要资本投入。

相关链接 》》

苏州元禾控股有限公司

苏州元禾控股有限公司（以下简称元禾控股），是一家管理230亿元资金规模的投资控股企业，业务覆盖股权投资、债权融资和投融资服务三大板块，包括

了中国第一只国家级股权投资母基金、中国规模最大的天使投资平台、中国首个科技金融超市、中国唯一的千人计划创投中心等。

在十余年的成长历程中，元禾控股以“引领股权投资发展，践行科技金融创新，创造持续领先价值”为使命与愿景，搭建了股权投资和贷款担保相结合的一体化投融资业务体系，辅以东沙湖股权投资中心专业的投融资服务支撑体系，通过三大业务板块在资本运作、风险控制、营运配置等方面的协同运作，在探索金融创新、促进科技创新、引导基金集聚、助推产业升级等方面都取得了不俗的成绩。

元禾控股自2001年成立起就专注于股权投资领域，旗下汇集多家管理团队专注于不同的投资阶段和领域。截至2014年年底，共投资种子期项目204个，成长期项目69个，成熟期项目42个；完成并购投资7个，金融投资3个；共投资子基金34只；投资项目中有34家企业已上市或过会。

2010年，元禾控股与国开金融公司共同发起设立国内规模最大的人民币母基金——国创母基金，其中VC母基金板块国创元禾创业投资基金由元禾管理，首期规模50亿元，主要投资专注于以早期和成长期为主的创业投资基金。

2011年，在东沙湖股权投资中心的基础上设立国家千人计划创投中心，截至2014年年底，东沙湖中心已入驻股权投资管理团队51支，设立基金68只，管理基金规模超过530亿元；入驻债权融资服务机构6家，为3577家企业提供授信或担保支持。

2012年，元禾控股开设了国内首家科技金融超市，由旗下银杏科技金融集团公司负责管理。后者定位于债权融资服务平台的整合者、开拓者和管理者。

元禾控股秉承过去积极进取、开拓创新的企业文化，为有资本需求的企业提供全方位的帮助，成为企业家首选的资本服务品牌，致力于打造国际一流的投资控股企业！

相关链接》》

招商局集团

招商局集团（简称招商局）是国家驻港大型企业集团，经营总部设于香港。

招商局是中央直接管理的国有重要骨干企业，亦被列为香港四大中资企业之一。2004~2012年招商局连续9年获国务院国资委评为A级中央企业。

招商局是中国民族工商业的先驱，创立于1872年晚清洋务运动时期。1978年，招商局独资开发了在海内外产生广泛影响的中国第一个对外开放的工业区——蛇口工业区，并相继创办了中国第一家商业股份制银行——招商银行，中国第一家企业股份制保险公司——平安保险公司等，为中国改革开放事业探索提供了有益的经验。

招商局业务主要集中于交通运输及相关基础设施建设、经营与服务（港口、公路、能源运输及物流）、金融投资与管理、房地产开发与经营等三大核心产业。

招商局是中国领先的公路投资经营企业，在全国18个省、自治区、直辖市投资有总里程超过6900千米的高等级公路、桥梁、隧道，通过旗下招商局华建公路投资有限公司共投资参股、管理20家公路经营性公司，包括国内12家公路上市公司，占全国公路上市公司总数的2/3，并控股新加坡证券交易所挂牌的最大收费公路公司——招商局亚太有限公司。

招商局是大中华地区领先的超级油轮船队经营者，是国内输入液化天然气运输项目的主要参与者，与其他伙伴合资组建了中国第一支LNG运输船队。

招商局物流业积极、审慎地进行了全国性的网络建设工作。截至2012年，在全国重要城市设立了65个物流网络运作节点，全国性物流网络布局初具规模。招商物流是以公路运输和仓储为核心的第三方物流服务商，核心业务领域包括消费品物流、化工物流、工业物流和医药物流等，将客户产品及时配送中国700多个城市，拥有现代化分发中心面积达200万平方米，运输车辆6000余辆，并以国际领先的SAP系统支持的物流同步服务。

招商局在工业、贸易、科技产业投资等领域也都有着雄厚的实力。招商局拥有香港最大规模的修船厂，投资27.5亿元并于2008年年初建成投产的深圳孖洲岛修船基地是华南地区颇具规模的修造船和海工基地；招商局创办并为其第一大股东的中集集团（000039.SZ）是世界最大的集装箱及机场设备制造商；旗下香港海通有限公司在中国交通海事贸易领域内有着成熟的市场网络和丰富的经验；招商局在高科技风险投资领域也走在了全国的前列。

招商局以其悠久的历史和雄厚的实力，在海内外工商界有着广泛的影响。

相关链接》

中信资本控股有限公司

中信资本控股有限公司（简称“中信资本”）成立于2002年，是一家主攻另类投资的投资管理及顾问公司。其核心业务包括直接投资、房地产基金、结构融资、资产管理及创业投资，管理资金超过40亿美元。中信资本现有员工200多名，在香港、上海、北京、东京和纽约等地设有子公司或办事处。

中国投资有限责任公司、中信国际金融控股有限公司、中信泰富有限公司和卡塔尔控股公司为中信资本股东。中信国际金融控股有限公司和中信泰富有限公司均为中国最大的跨业集团公司中国中信集团有限公司旗下企业。

中信资本凭借对中国营商环境及资本市场的深入了解，以及有一支国内、外市场经验和技能兼备的高素质团队，为境内、外投资者提供多种投资产品和服务，为客户创造优异的投资回报。

第四节　顺丰为什么不上市

顺丰为什么不上市，按王卫在接受相关媒体采访时所说的话，其原因如下图所示。

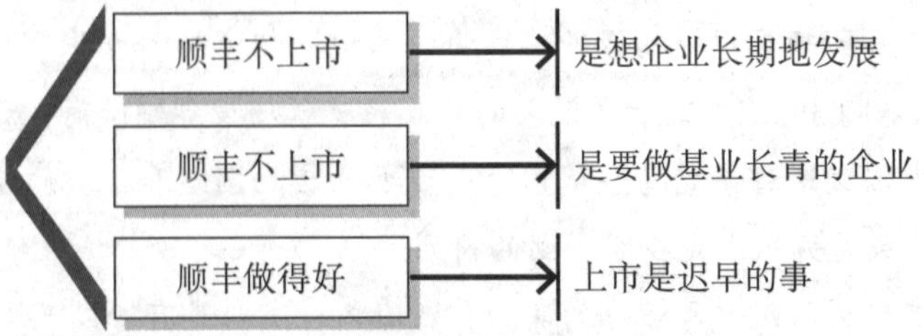

顺丰不上市的原因

顺丰不上市是想企业长期地发展

2011年年底，王卫在接受相关媒体采访时，关于“顺丰上市融资的打算”的精辟回答：“上市的好处无非是圈钱，获得发展企业所需的资金。顺丰速运也缺钱，但是顺丰速运不能为了钱而上市。上市后，企业就变成一个赚钱的机器，每天股价的变动都牵动着企业的神经，对企业管理层的管理是不利的。我做企业，是想让企业长期地发展，让一批人得到有尊严的生活。上市的话，环境将不一样了，你要为股民负责，你要保证股票不断上涨，利润将成为企业存在的唯一目的。这样，企业将变得很浮躁，和当今社会一样的浮躁。”

顺丰不上市是要做基业长青的企业

王卫在接受相关媒体采访时，曾经认为上市对顺丰的发展不利，他是这样表述的：“做企业应该踏踏实实的，真正想做好企业，不一定要上市，要做基业长青的企业，就要有远大的愿景，要为未来进行大胆的投入、大量的投入。成为上市公司后，你的每一笔投入，都要向股民交代，说服他们这笔投入是有利可图的，是可以在短期内获得利润的，要有业绩出来，这个我恐怕做不到，我真的没有办法保证对未来的战略性投入可以有立竿见影的效果，更不能保证我不会失败，这也违背了我做企业的精神。同时，在国内快递行业面临着国际上四大快递巨头的竞争，一旦上市的话，就要信息披露，企业就要变得透明，这样将不利于我们制订战略性的计划，作为一家正在快速成长的企业，更加有需要保护好自己的商业秘密。所以，作为企业的老板，你一定要知道你为了什么而上市。否则，就会陷入所谓的‘背心关法，为法所困’，可以说，顺丰在短期内不可能上市，未来也不会为了上市而上市，为了圈钱而上市。”

未来的顺丰做得好是否要上市

那么，现在顺丰接受了“国字号”的入股，难道就不是为了钱？只不过是由于元禾控股、招商局集团、中信资本三家不会逼着上市，不会要求退市，不会急于变现。“不会逼着上市”，隐藏的含义是不是也会上市，只不过步伐可以稍微慢一些？

几年过去了，大家突然明白：王卫原来盯上的是“国字号”了。难道“国字号”就不是冲着“利”？王卫没有“业绩”压力？企业做得好，上市是迟早的事。顺丰也许是中国快递业上市的首家！

低调顺丰高调启动A股上市

向来闷声发财的快递行业近期成了资本市场关注的焦点。继申通、圆通分别借壳艾迪西、大杨创世，曲线抢占A股市场席位后，民营快递另一巨头顺丰控股（集团）股份有限公司也发布公告称，拟在国内证券市场首次公开发行股票并上市。目前顺丰方面正在接受中信证券股份有限公司、招商证券股份有限公司、华泰联合证券有限责任公司的辅导。

作为一个炙手可热的行业龙头，顺丰一度是最受市场期待上市的公司之一。可是长期以来，顺丰企业行事低调，一直与资本市场刻意保持距离，高管更是鲜有在媒体上露面。该公司官方微博曾于2012年9月公开承认：“一直以来都有资本找顺丰洽谈，但顺丰并未与任何资本签订任何协议。”创始人王卫也曾在公开场合表态，投资方未就IPO问题作出强制要求，同时目前没有上市计划。现在高调登报公告筹划A股上市一事，确实有点不像顺丰以往的作风。

其实，2013年8月，顺丰首度实现“融资破冰”。据相关媒体消息，该公司引入元禾控股、招商局集团、中信资本、古玉资本四家战略投资者，并转让出25%的顺丰速运股份。

受益于电商的发展，快递业规模迅速扩大。但是快递业的盈利能力却逐渐削弱。此外，部分大型电子商务企业，如京东等，正通过自建物流体系的方式降低对第三方物流企业的依赖。也增加了快递行业的竞争，如果启动上市融资，快递企业可以提高服务质量和时效性。目前排名靠前的几家民营快递公司，快件量和网络规模差别并不大，谁能在市场份额中进一步领先，很大程度取决于各自“钱袋”的深度。

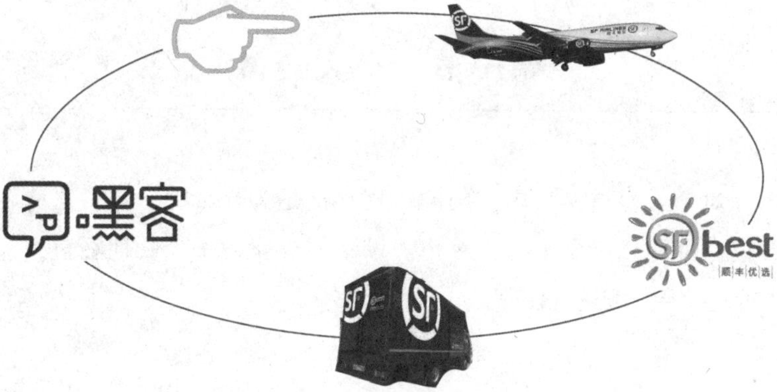

第十章 顺丰，靠什么赢得客户信任

导言：

顺丰不断地积极探索客户需求，为客户提供快速安全的流通渠道；不断推出新的服务项目，帮助客户更快更好地根据市场的变化而做出反应；缩短客户的贸易周期，降低经营成本，提高客户的市场竞争力。除了在公司内部培养一批中流砥柱以外，更不断从其他行业吸收精英以满足业务高速发展以及服务不断完善的需要。

第一节　个人会员

顺丰针对个人会员制订更详细的计划，这是为什么呢？因为这些客户有发展潜力，很有可能成为顺丰的大客户。谁不想去赢得一个长期客户呢。那么顺丰为个人会员提供了哪些服务呢？

服务一　会员介绍

顺丰会员是顺丰为客户建立的长期回馈体系，从客户成为顺丰会员的这一刻开始，客户就在顺丰拥有了专属的个人账户、尊贵的会员特权，让客户享受更优质的服务。

轻松3步注册会员

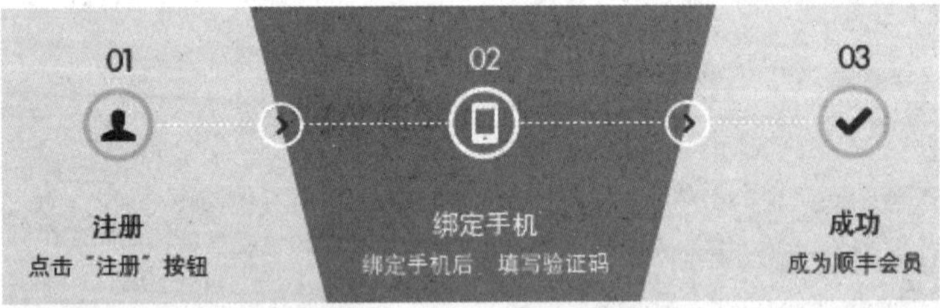

多种注册渠道

除了顺丰官网外，还有更多渠道供客户选择：

我的顺丰
https://i.sf-express.com

下载手机客户端
（速运通）

顺丰官方微信服务号

会员等级

会员等级

评级规则：

一个自然年内若会员的实际消费金额未达到其所在等级的成长值要求，则会根据会员当年（自然年）的实际消费金额重新为其划分会员等级。

成长值=消费+月消费天数+签到+评价

服务二　速运优惠券

通过各种活动/服务获得的速运优惠券可以在会员系统中轻松管理，客户还能在下单的时候直接使用抵扣运费。但是以下事项需要特别注意：

（1）优惠券赠送短信将发送至会员账户绑定的手机号，短信内有券号及验证码，会员凭券号和验证码即可使用优惠券。

（2）一票快件仅限使用一张优惠券，一张优惠券仅限用于一票快件。

（3）优惠券有效期为三个月，必须在有效期内使用，过期无效。

速运优惠券的广告

服务三　快件信息随时看

快件信息查询可以帮助客户在短时间之内迅速找到自己的运单信息，有效的管理、人性化的运单分类，集订单历史、寄件运单、收件运单、导出运单多功能于一身。其优点为：

（1）注册成为会员即可享受快件信息服务。

（2）订单历史即时可以查阅，运单信息会在快件被签收后48小时在“寄件记录”内查到。

（3）会员可在“我的顺丰”下面的“寄件记录”查询3个月内的快件信息。

快件信息随时看

服务四　专属地址簿任你“藏”

客户可以建立私人地址簿，对常用地址一键保存即可收藏，也可收寄件双方随心转换。

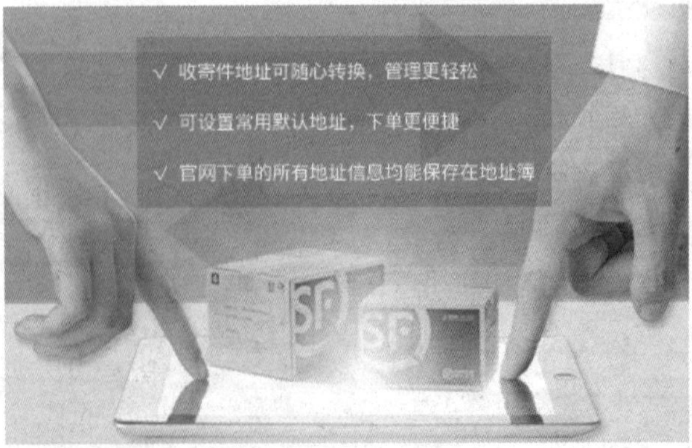

可以建立私人地址簿

服务五　会员寄件保费更低

注册成为顺丰会员，可享受保价服务费×40%的顺丰券返券优惠，并且所得顺丰券可以直接抵扣运费。但是以下事项需要特别注意：

（1）限中国大陆范围内的寄件寄付现结快件。

（2）会员为寄件方及付款方。

（3）快件运单上填写的寄方联系电话为会员账户绑定的手机号码。

（4）快件保价服务费×40%，最低返还额度为1元，最高额度为50元。

顺丰速运券

服务六　偏远优惠

顺丰对会员寄件的偏远附加费实行全额返券，其具体优惠细则要以顺丰官网公布的为准，或咨询当地的收派员。

服务七　快速理赔

对于黄金、钻石会员还可享受快件出险理赔。

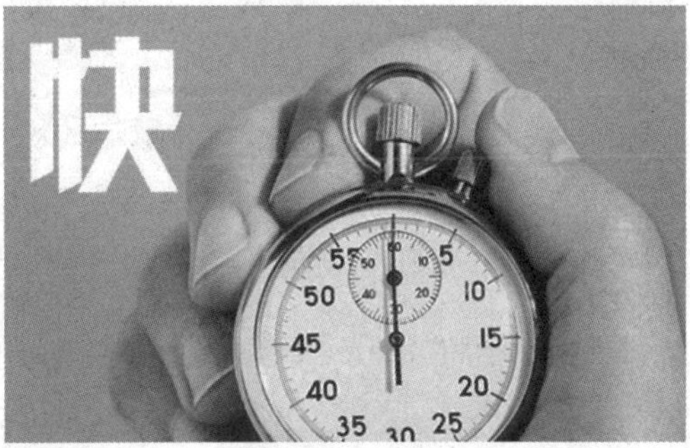

顺丰快速理赔的广告

服务八 积分与成长值

顺丰还给有发展潜力的客户实行了积分与成长值的方式来培养客户，使其成为公司的长期客户，这种方法有点像“温水煮青蛙”，客户在不知不觉中就被顺丰给“煮”了。所以才有顺丰人“煮”遍天下的梦想。

第二节 个人会员积分

积分介绍

为了更好地回馈客户，顺丰推出了个人会员积分计划，对于非月结客户注册成为会员也可享受积分奖励，月结客户仍按原月结客户积分计划享受积分奖励。

顺丰的积分广告

介绍一 积分有效期

当年获得的积分有效期截至次年3月31日。

举例：某先生于2015年1月注册成为会员，其在2015年所获积分将于2016年3月31日前有效。

介绍二　获取渠道

客户可以通过寄件消费、签到、月收寄件天数、评价来获得积分。

介绍三　积分兑换

登录我的顺丰（https：//i.sf-express.com）“我的积分”页面可进行兑换顺丰电子券等好礼。

获取规则

类别	规则说明
寄件消费	会员作为付款方进行收寄件时，消费1元积1分，但需注意 （1）个人会员为付款方 （2）快件运单上付款方的联系电话需为个人会员账户绑定的手机号码 （3）正常情况下快件签收后7天内，积分到账
签到	每天登录顺丰网站可以领取2积分，连续签到可以领取更多，如：第一天领取2积分，第二天领取4积分，第三天领取6积分，最多封顶14分
月收寄件天数	（1）月收寄件天数是统计一个自然月内会员作为付款方发生收寄件行为的天数，当天内多次有付款收寄件不做重复统计，视为1天 （2）会员自然月内月收寄件天数达到5天，奖励100积分，每增加5天，奖励100积分。月寄件天数越多，奖励积分越多
评价	会员可在发生收寄件行为15天有效期内登录顺丰（https：//i.sf-express.com），并对收寄件服务进行评价，评价成功可获得20积分
其他说明	在收寄件过程中，会员不是付款方，则该次消费金额不进行积分奖励。经查明用户进行系统攻击或者恶意手段等非正常方式获得成长值，将进行积分的扣减

成长值定义

成长值是顺丰会员通过寄件消费、签到、月收寄件天数、评价累积获得，成长值总额决定会员级别。

介绍一　获取渠道

客户可以通过寄件消费、签到、月收寄件天数、评价来获得成长值。

介绍二　获取规则

获取规则说明

类别	规则说明
寄件消费	会员在有收寄件时，若会员为付款方，则付款1元奖励1成长值。如会员作为付款方寄件消费22元，交易成功后可获得22成长值
签到	会员每天可以登录我的顺丰（https：//i.sf-express.com）进行签到，签到1次奖励1成长值，当天签到最多可以获得1成长值
月收寄件天数	会员在一个自然月内满5天有消费付款行为，则奖励50成长值。当月每增加5天有付款消费行为，奖励50成长值。月收寄件天数的计算公式：收寄件天数=会员当天发生付款动作的收寄件行为，该天称为收寄件天数，且不论当天收寄件数量，统计为1天
评价	会员在发生收寄件行为15天有效期内登录我的顺丰（https：//i.sf-express.com）成功对快件运单完成满意度评价，奖励10成长值
其他说明	（1）寄件消费奖励成长值仅限于会员作为付款方时赠送成长值 （2）若会员在收寄件过程中，没有作为付款方参与，则该次消费金额不进行成长值奖励 （3）登录签到1天奖励1成长值，当天累计重复签到不进行成长值奖励 （4）经查明用户进行系统攻击或者恶意手段等非正常方式获得成长值，将进行成长值的扣减

第三节　月结会员积分

月结客户专享利益

顺丰的月结客户，不仅可以享受到普通客户的各项利益，如免费查询运单、免费短信跟踪等，还可以享受更多、更精致的专享服务：

（1）按月度一次性结算快递运费，既方便又省时。

（2）享有一定的预先消费额度，提高企业资金效益。

（3）定期获取顺丰的相关业务信息或资料。

（4）优先体验和试用新服务。

（5）优先享受各种市场推广、客户回馈等特惠。

（6）拥有比普通客户更多、更方便的免费服务选择。

（7）享受顺丰专门针对月结客户推出的其他免费增值服务。

（8）享受电子账单服务：致电服务热线申请使用电子账单服务，开通后登录顺丰官方网站内“电子账单系统”即可查询，顺丰每月为所有月结客户提供快速准确的账务核对服务。

（9）参加积分计划活动：寄快件、选用服务均可获积分，更多丰富礼品等您拿。

①顺丰月结客户寄件时在运单上填写“客户编码”，该票快件将自动获得积分。

②如通过语音、网站自助下单寄件，可获得额外奖励积分。

③如选择保价、代收货款服务，也可获得额外奖励积分。

顺丰的月结计划

顺丰每一年都会从客户的利益出发，给月结客户制订一份计划，以便让客户获得更多的利益，从而赢得了双赢的局面。

下面提供一份来自顺丰官网的顺丰在2014年给月结客户制订的积分计划。

相关链接》》

顺丰2014年月结客户积分计划

2014年推出的月结客户积分计划，并于2014年1月1日起实施，细则如下：

一、积分规则

1. 积分对象

顺丰大陆地区月结客户（寄件或付款），有以下三种情形：

1.1 大陆内互寄：寄件方及付款方月结，均可享受积分；

1.2 大陆寄往港澳台及国外：大陆寄件方、付款方月结客户，可享受积分；

1.3 港澳台、国外寄往大陆：大陆付款方月结客户，可享受积分。

2. 活动时间

2014年1月1日–2014年12月31日。

3. 积分有效期

本年度积分，有效期截至次年3月31日，逾期清零。

4. 积分标准

消费1元积1分（消费金额含运费和增值服务费）。

5. 积分规则

快件寄方/付款方，可享受积分。

积分来源	积分对象	积分标准
寄件寄付	寄件且付款方	1元积1分
寄件到付（到件到付）	寄件方	1元积0.5分
	付款方	1元积0.5分
寄件转第三方（第三方付）	寄件方	1元积0.5分
	付款方	1元积0.5分

示例1：您通过顺丰寄1票快件（费用30元）且由您付款，则此票快件的30分由您享受。

示例2：您通过顺丰寄1票快件（费用30元），收方付款且为大陆地区月结，则您和收方各积15分。

二、积分查询及兑换

1. 起兑标准

大于等于1000分。

2. 积分价值

1‰（1000分的价值为1元）。

3. 查询及兑换时间

当月积分，次月6日后可查询及兑换。

4. 查询及兑换途径

提供积分网站、顺丰官网两种途径查询及兑换。

5. 查询及兑换流程

积分网站：登录www.sf-jf.com，输入用户名和密码，即可查询及兑换。

6. 礼品派送时间

正常情况下，实物积分礼品将于20个工作日内派送至客户在顺丰系统内登记的地址。

7. 指定兑换人

为保障您的权益，首次兑换积分礼品时，请先指定贵公司积分礼品兑换人，指定积分兑换人的操作步骤如下：

积分网站：登录顺丰积分网站→点击“确认函下载”→下载“积分指定兑换人确认函”→填写后加盖公章（需填写手机或邮箱）→交回我司收派员带回（或传真至我司）。

……

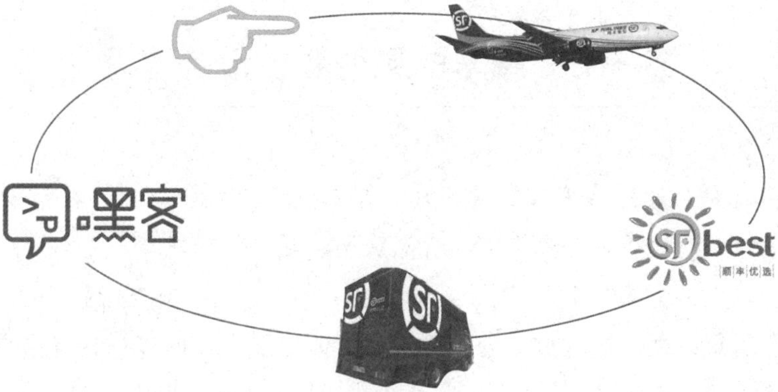

第十一章
顺丰，有什么样的企业文化

导言：

企业文化是企业的灵魂、是一个企业的精神，它将缔造者的性格融入整个企业当中，流通在每一位成员的行为准则里，在多年的漫漫历程中顺丰形成了一套自己的发展文化，并且伴随着其文化的真谛影响着整个中国的速运行业。

第一节 顺丰的愿景和核心价值观

价值观是企业的灵魂和精神所在，是构建企业竞争优势、稳健发展的支柱，它支撑企业赢得客户和未来。价值观是顺丰文化的核心，它不仅是员工的共同信念，也是全体顺丰人的承诺与实践。顺丰力求塑造“知行合一”的价值观，让价值观的内涵通过员工的所想、所行体现出来，形成一股精神的力量，深深熔铸在企业的凝聚力、竞争力、生命力之中。

顺丰企业文化的宣传语

在价值观的昭示下，顺丰高管希望让正确的处事态度渗透到公司每一位员工的心中，凝聚顺丰前进的合力，也希望通过员工的一言一行将企业价值观传递给客户，让客户感知顺丰内外一致的品牌形象，让顺丰在服务中改变、完善自己。

顺丰的愿景是成为最值得信赖和尊敬的速运公司

（1）致力于为员工提供一份满意和值得自豪的工作。

（2）致力于快速、安全、准确地传递客户的信任。

（3）致力于成为速运行业持续领先的公司。

（4）致力于承担更多的社会责任。

顺丰的核心价值观

（1）首先是一个诚信、正直的人。

（2）永远尊重人，信赖团队的力量。

（3）客户对我们来说是最重要的，我们要奉献最好的服务。

（4）做事认真，勇于承担责任。

“FIRST”是顺丰核心价值观的英文简写，分别取诚信（faith），正直（integrity），责任（responsibility），服务（service），团队（team）的首个字母组合而成。

第二节　用歌声唱出了顺丰人的风采

顺丰是一家什么样的企业？能有员工为企业自发编创歌曲，那么可见员工对其有多深的感情！无论是喜是悲，都已随着这份真情慢慢淡化。当员工唱着自己的歌曲时，心中更多的应是一种自豪感吧！当老板王卫听着这些歌，心中更多的也是一种骄傲吧！

《顺丰之歌》

多少个春夏秋冬
无数的坎坷泥泞
是我们肩并肩走过的路程
多少个实现的梦
无数的感人场景
是我们心连心创造的结晶
让我们牵起手
一起共创更美好的顺丰
团结是我们共同的心声
顺丰　你开辟了自己的天空
顺丰　让我们齐心协力向前冲
顺丰　速度和诚信是你的光荣
顺丰　你将成为快递业的一颗星
顺丰

《顺丰速运》

曰：（男）大娘，您好！我是顺丰速运！这是您儿子寄给您的快件，上面还存留着他手中的温度，请您签收！

（女）啊！不可能吧？几千公里的距离还能存体温？

（男）是的，因我一直把它握在手心里、捂在胸口。

（女）啊！你们太好了！

（男）是的，我们的目标便是：做到最好！在接下来的日子，顺丰速运将会更安全、更快捷、更准确地为您服务。

（女）啊，好的！接下来的日子，我一定会更多地使用顺丰……

（男）谢谢您的支持！

华南的“丰”，“顺”着香江的水，漂流到我心中。

曾经的梦，我从没有后悔，“顺丰”翱翔天空。

“顺”着这股“丰”，我把它送到你手中，缠绵的爱意还带着温柔的感动！

“顺”德这股“丰”，吹抚至东西南北中，用心的设计编织着你我的美梦。

儿时的梦，寄盼天边那道彩虹，捎去我对亲人思念的痛。

如今不同，拥有“顺丰”温情递送，载着我的理想慢慢成功。

不知不觉已奔跑了十五个春秋，我一直默默为您守候，尽管已穿越无数困境的山丘。

不知道在多少个寒夜中跌倒，我仍坚持和时间赛跑，抹掉喜悦泪水依然对您微笑。

就让我们忘掉彼此的距离，相扶相持永远不放弃，用子弹的速度证明我是第一。

引领科技时速先锋还看：“顺丰”速运，S-F-EXPRESS.

《顺丰人》

同在一片蓝天，共撑着同一把伞
我们同在一条船上，共扬起顺丰的帆
脚踏着希望的车轮，承载着客户的期盼
为了一个共同的心愿，齐心协力驶向幸福的彼岸
OH，顺丰人，一起努力开创个朗朗乾坤
OH，让我们，忙忙碌碌打造顺丰美好前程
OH，顺丰人，彼此拥有一个共同的信念
我们，愿做，有价值的顺丰人
风雨中这些年，多少辛酸都在里面
为了同样的一个目标，指引我们共同向前
手牵手肩并肩，共同渡过所有的艰难
这一切一切的努力，只为换你那张满意的笑脸
OH，顺丰人，一起努力开创个朗朗乾坤
OH，让我们，忙忙碌碌打造顺丰美好前程
OH，顺丰人，彼此拥有一个共同的信念

我们，愿做，有价值的顺丰人

OH，顺丰人，一起努力开创个朗朗乾坤

OH，让我们，忙忙碌碌打造顺丰美好前程

OH，顺丰人，彼此拥有一个共同的信念

我们，愿做，有价值的顺丰人

有价值的顺丰人

有价值的顺丰人

顺丰员工自摆的水果顺丰标志

《我的顺丰兄弟》

我的那个顺丰兄弟，五湖四海相聚在一起。同奋斗，共进取，一起打拼新天地，抬起头来我就能够看见你。

我的那个顺丰兄弟，客户信任在手中传递。交付我，转向你，到达幸福目的地，兄弟，公司的未来要靠我们努力。

我的那个好兄弟，人生的坎坷我们要经历，不论多少风雨，终究他都会过去，坚信明天会变得更加美丽。

我的那个好兄弟，留下你我最珍贵的回忆，用我们的汗水，淹没所有的伤悲，付出过男儿的青春就无悔。

我的那个顺丰兄弟，时常要给自己打打气。可成功，可失败，但是不可以放弃。只要用心没有什么不可。

我的那个好兄弟，前进的路上有我祝福你，破风浪，斩荆棘，拿出我们的豪气，把我们生命的帆高高扬。

我的那个好兄弟，拍手把这首歌唱给自己听，我们与顺丰同在，幸福快乐跟着来，一起驶向那片蔚蓝色的海。

用歌声去唱出顺丰人风采！

顺丰客服部体现了顺丰的风采

第三节　萌萌哒的顺丰人

顺丰一直在打造着自己的优秀员工队伍，其在“顺丰论坛”专门设置了“优秀员工报道”栏目，将所有优秀员工的事迹汇总传播。

镜头一　业务知识扎实的顺丰人王春雨

熟练地打包、扫描、入仓……处理完收到的快件，王春雨再次骑上电动车出发了。他负责的区域在假日国际酒店和韵达天地之间，虽然仅仅是几百米的距离，但就是这片小天地成为王春雨发挥工作热情、施展才能的舞台。

从早晨七点开始，王春雨不停地忙碌着：他要么在收件、派件的路上；要么就在站点打包、扫描快件。汗水湿透了衣衫，王春雨也来不及歇上一会儿，响个不停的电话提醒着他还有更多的工作等着去做。这样的工作每天都要持续十来个小时，虽然辛苦，但相比于苦和累来说，他更热爱这份工作，用他自己的话说就是，“做快递员也很快乐，自己很享受这一切”。在王春雨看来，自己每天都接触不同的人和事，增长了很多见识，这都是其他工作不能给予的。

“嗨，您好，忙着呢……”，王春雨穿梭于不同的办公写字楼间，熟稔地和周围人打着招呼。为提高工作效率，他从写字楼间的顶层开始收件；为节省等电梯的时间，他选择徒步爬楼梯。每到一位客户处，王春雨都有礼貌地轻轻敲客户的门，并自报家门“顺丰快递”。门开后，王春雨动作迅速地查看客户快递的物品、核实目的地、称重、填单、结款……

王春雨以“热心、人缘好、业务知识扎实、不出错”闻名，有一次一位开淘宝店的月结客户，店主想在半小时内将一束鲜花送到一个女孩手中，由于时间紧迫，店主询问王春雨能否顺路帮个忙。面对客户求助的目光，王春雨同意了客户的请求并为其进行免费送货。

他已成为铁西分部鑫丰点部的业务骨干，并带出了八个徒弟。王春雨还在送快递的路上收获了自己的爱情。原来王春雨的女友曾是他的一位客户，接触时间长了，女孩发现王春雨为人踏实、稳重、乐观向上，于是成就了一段美好姻缘。这就是我们身边的“顺丰人”，勤劳、朴实、诚信、正直已成为他们的代言词。在此，让我们共同预祝所有工作在一线的最可敬可爱的“顺丰人”们工作顺利、身体健康、家庭美满！

镜头二　拾金不昧的顺丰人周文博

2013年3月15日，星期五，枣庄分部收派员周文博在滕州市学院路工商银行龙山支行存缴公款时，发现在柜台较隐蔽的地方有一摞现金（约1万元），通过询问银行窗口业务员无果后，主动上缴至银行大堂经理处，后来得知应该是他前面的一位客户丢失的，因存款较多、位置较隐蔽而没有发现。周文博的这一行为受到了银行经理、工作人员及丢钱客户的一致赞扬，银行领导强烈要求到网点重谢，均被周文博婉言谢绝，这一拾金不昧的行为，展现了顺丰人的精神面貌，提高了顺丰在客户心目中的形象。为我们收派员树立了一个鲜活的价值观、人生观的榜样。在公司推广诚信文化的潮流中，引领了一股诚信风。

镜头三　践行价值观榜样人物李志东、王树清、赵利兴

如果平凡是不经意的美，那么李志东、王树清、赵利兴他们三个的坚持已经让平凡美不胜收。

清晨的青岛，四季都是吹着冷冽的海风。市南分部早班的中转场车，每天都趁着最后的夜色，载满1200多票快件，5时就来到了分部。7时早班仓管上班后便开始分件出仓。7时左右，还有三位收派员同事，也会早早地来到分部，跟仓管一起分件、出仓。仓管先按大区域分好快件，他们再按照更细的区域把件分好。其他收派员同事到分部之后便可以拿好快件外出派件了。

也许，你会说，这不就是些平凡的小事吗？对，就是这些平凡的小事，但是他们坚持了多年。除了休班，他们每天都会早早地来到分部，协助早班仓管一起分件、出仓。让原本早上8：20才能结束的出仓，提前了20多分钟。提高了分部派件的效率，也为同事的工作提供了方便。

电话采访时，一位同事一直说："这都是小事，没什么的，不用报道了。"您的谦逊让我们更加的佩服。仓管同事电话里说："他们真的是太好了，吃苦耐劳。"赞赏之词，无以言表。当我问及他们是从什么时候开始的，连他们自己也记不清楚了。"可能是2012年年初吧，或许更早……"

他们让平凡而美丽的花，发芽、生长、绽放、绚烂！

镜头四　英勇救火的芦岛分部连山点部顺丰人

2013年11月15日17：30，天色已暗，刘女士正在家中炒菜，此时手机突然响起，因厨房抽油烟机噪声太大，她走到门外接听。仅两三分钟的时间油锅便起火，火苗烧到抽油烟机上，厨房浓烟滚滚，火势越来越大，刘女士出门呼

救：“着火了!着火了!”此时隔壁的葫芦岛分部连山点部主管王大业看到此景迅速拨打119，同时组织点部员工拿出灭火器救火。

收派员金亮第一个冲进火场，关闭了天然气阀门和电闸。董浩、蔡国庆、张江东、柴伟、程志明紧随其后，3个灭火器都用光了，仍没有将火完全扑灭，炉灶顶部的抽油烟机壳烧得噼啪作响。几个人被烟熏得直流眼泪，冲到屋外后，大口喘着粗气，然而他们顾不上自身的不适，赶紧又回部拿出剩余的灭火器再一次冲入火场。直到大火彻底被扑灭，几个人才从火场退出。消防人员随后赶到，进入火场检查是否还有火灾隐患。

2013年11月16日，刘女士和家人为了表达感激之情，买了香烟和饮料送到点部，被点部员工婉言谢绝了。

刘女士激动地说：“虽然是邻居，但平时没有太深入的交往，甚至连他们几个人的名字我都叫不全。这几个孩子真是好啊，帮我家灭了火，减轻了损失，事后没有喝我们一口水，没抽我们一根烟，真是远亲不如近邻，患难时刻见真情啊!”事后刘女士拨打葫芦岛晚报市民热线对于他们英勇救火的行为予以高度的评价。

镜头五　见义勇为的好收派员刘雄波

2013年3月29日，大唐点收派员刘雄波及罗育伟到光耀楼楼下收派件时，发现有人面戴头盔手持工具在剪电动车车锁，两人遂至保安室提醒保安有人偷车。期间，小偷见被人发现便不停打量两位收派员后离开。之后罗育伟先回点部，刘雄波到楼上收完快件后再次提醒保安，建议把车锁被剪断的车推进室内保管以防被偷。在刘雄波回点部的途中，小偷见他独自一人，就伙同他人骑着摩托车对其报复，他们边骂骂咧咧边用辣椒水喷射，刘雄波赶紧躲避，然而小偷直接拿出铁棍追打。最后刘雄波头部受伤缝了三针，全身多处瘀伤，两个手腕浮肿，左脚无法行走，经检查，幸好未伤及骨骼。

刘雄波在工作中见到违法事件，敢于在第一时间站出来，保护客户财产，以实际行动践行着顺丰的社会责任，然而他自己却说：“这没有什么，我们天天在那一片区域收派件，客户跟我们都很熟悉了，如果我们遇到这样的事不站出来，小偷就会更猖狂，甚至有可能会来偷我们的快件，到时候也需要客户来保护我们的快件安全。”

以己度人、以信取人，刘雄波、罗育伟在违法事件面前敢于站出来，坚持做一个有正义感、有道德良知的人，这是我们每一位顺丰人都应该学习的榜样。坚持诚信做人、诚信做事，共勉于每一位顺丰人。

镜头六　至真至善至美的顺丰人何宏健

美丽的凤凰城唐山被一场大雪笼罩着显得那样圣洁、美丽，就像顺丰的员工一样，在风、雨、雪的洗礼中更彰显了顺丰精神，将真、善、美演绎得淋漓尽致......在我们的身边总有这样一些人；在平常的生活、工作中话不多，但是在人群中我们总能分辨出那一张张熟悉的“顺丰脸”。他叫何宏健，是唐山分部光明点部的一名普通的顺丰收派员。他用实际行动诠释了“真、善、美”的含义。

雪后的早晨虽然天气冷飕飕的，但是，何宏健还是照例从点部拿了早班的快件小心翼翼地开着车去外围区域把快件送往客户手中；途中，他用美丽的心情欣赏着沿途的各种景色；突然，在路旁发现了一名陌生老人，坐在雪堆里久久不动弹。情急之下，他迅速将车停好；跑到老人旁边，急忙唤醒几乎晕过去的老人。只见老人脸色苍白；嘴唇呈暗紫色；何宏健见状将老人缓缓扶起，慢慢地扶到自己的车里边让老人取暖，边询问老人身世经历并及时向点部负责人报备，说明了自己此刻的情况，以免在工作上带来不必要的麻烦。老人到了车上渐渐恢复了正常的意识，通过与老人的沟通何宏健得知：这位老人是沧州人，是来唐山打工的，不巧没什么文化让坏人给骗了，身上身无分文，已经饥寒交迫好多天了，不巧一场大雪差一点就夺去了老人的生命。何宏健带着老人先就近吃了饭又买了些吃的，又到家里拿了几件厚衣服，随后开车将老人送往唐山火车站，为老人买了回家的车票，陪着老人直到上车。就在老人即将登上火车的时候，才想起来问问小伙子的名字。这位小伙子却急着给客户送件，只对着老人说了一句：“我是顺丰的员工。”

老人，踏上归途，而何宏健留下的只有那样一个微笑和一句“我是顺丰人”。这就是顺丰的员工；在平凡的生活中，总是能体现出不平凡。感谢你，可爱的“顺丰人”，你用身体力行向我们诠释了一名“顺丰人”的平凡无私。

镜头七　最佳客服的顺丰人何晓娟

很荣幸被评为本年度的优秀员工，这是对我工作上的肯定，也是对我做好今后工作的一种鼓励。正是一种家的温暖和同事的帮助与包容让我有机会踏入并留在了顺丰。

无论是在生活上还是工作中，都得到了领导们的关心，让我觉得这里像个家，温暖而亲切。因日常工作中，总难免出差错，在不犯原则性错误的时候，总能够得到领导的宽容，在不责备的同时，让人没有下次再犯同类错误的理由。自进顺丰工作至今，我并没有为公司做出了不起的大贡献，也没取得特别值得炫耀可喜的成绩，我只是尽量做好属于自己岗位上的工作，尽自己最大的努力尽力尽快地去完成每一次任务，总结自己的经验，从经验中学习，向他人学习，尽量将自己的工作争取一次比一次做得更快更好，尽可能地提高工作效率，与同事相处和睦，合作愉快。我的付出得到了公司的认可，我深感无比的荣幸，我想公司这次评优活动也再次向每位员工传达与说明了只要有付出，只要做好了属于你的那份工作，就会有回报。虽然被评为优秀员工，但我深知，我做得不够的地方还有很多，还需要我进一步学习。虚心向技能表现突出的同事学习，做好每一项工作。这个荣誉会鞭策我不断进步，做得更好。我深信：一分耕耘，一分收获，从点点滴滴的工作中，我会细心积累经验，使工作技能不断地提高，为以后的工作奠定坚实的基础。让我们携手为顺丰的未来共同努力，使之成为最大、最强的运输企业。我们一起努力奋斗！最后，祝大家身体健康，工作顺心如意！

镜头八　获得道德风尚奖的顺丰人刘峰

2011年11月27日18时，瑶海点部收派员刘峰在休息日带着入职不久的那份激情，同朋友一起上大蜀山观看合肥的夜景，一路上欢声笑语。

然而由远至近的警报声打破了大蜀山的宁静，以前在合肥市110指挥中心工作的刘峰对警报声特别敏感，于是放慢脚步，迅速地做出判断是120急救的警报声，山上肯定有人出事了。

很快救护车就从刘峰身边经过，在离刘峰不远的位置停下。刘峰快步地走上前去询问什么情况，救护人员告知：有人从山上摔了下去，情况不明。夜晚的山林视线很受限制，跟着救护人员打向山下的强光灯，隐约的可以判断山下伤者的位置，刘峰让朋友在路边等他，自己跟随着医护人员艰难地向伤者靠近。等走到伤者身边时发现，伤者已神志不清，医生判定伤者小腿和手臂处有骨折，头部也有多处创伤，无法搀扶回到救护车上。由于山势的陡峭，救护用的担架此时也无法起作用，医护人员正为怎样将伤者安全地送至救护车上而犯愁。这时的刘峰向医生提出能否将伤者背到救护车上。医生对着刘峰说："可以。"刘峰迅速地回了一句："我来背。"医生拍了拍刘峰的肩膀，表示感谢，并简单地告知背扶伤者的姿势及注意事项。这才将伤者慢慢地放到刘峰的背上。刘峰背起伤者，小心翼翼地向救护车爬去。由于伤者的重量加上山势的陡峭。刘峰非常艰难地向前迈着每一步。医护人员也在一旁帮助扶稳伤者。就这样伤者被顺利带到等候在路边的救护车上，这时安徽电视台《第一时间》的采访车也赶了过来，记者邀请刘峰一起到就近的105医院接受采访，被刘峰婉言拒绝了，刘峰看着远去的救护车，心有牵挂。而在此时，一旁的朋友走了过来，带着敬佩的目光对刘峰说："顺丰人个个都有颗好心肠。"刘峰只是笑了笑。

顺丰的今天之所以这么成功，是因为用诚信与拼搏赢得了客户，也是因为员工工作在一个处处都充满爱的企业里。顺丰在走向成功的同时，也不忘把胜利的果实回馈于社会，充分地体现了企业的一种社会责任感。

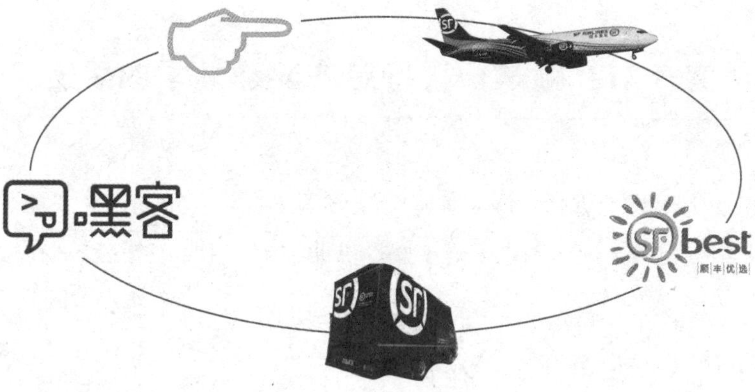

第十二章
顺丰，一直行走在公益的路上

导言：

顺丰速运既是一家有社会责任感的企业，又是一家懂得感恩的企业，其明白成功是靠所有客户的支持。因此，在顺丰速运发展的过程中，一直不忘回报社会。如在2009年，顺丰速运成立了“广东省顺丰速运慈善基金会”，用于支持慈善事业的发展。当然，只有懂得感恩，才能赢得更多的支持。作为一家民营企业，顺丰速运一直努力向前行！

第一节 顺丰一直行走在奖教助学的路上

知识的力量是无穷的，顺丰速运为众多学子提供了帮助。如资助贫困山区失学青少年，为顺丰速运困难家庭子女提供助学金，为学校捐款、捐设备等。

顺丰给失依儿童开设了爱心班

2010年，顺丰慈善基金会在四川凉山开办了第一个顺丰爱心班，助养了50名失依儿童，负担他们所有的学费和在校期间的生活费用。而这只是个开始，从2010年到2012年，已有4个顺丰爱心班，受到帮助的孩子也从50人变成210人。

2013年10月25日，基金会“爱眷梁山”公益行启动。2013年，基金会在四川省凉山彝族自治州新开设了美姑顺丰女子初中班和昭觉四开乡顺丰爱心班，新招收了100名家庭贫困和失依儿童，为其解决生活及学习费用。

顺丰速运资助白城市78名贫困学生

顺丰莲花助学项目是由顺丰慈善基金会设立的资助贫困学生完成学业的公益项目。2013年10月19日，莲花助学项目在吉林省白城市与78名受助学生签订助学协议，并举行“我的未来不是梦”梦想分享会。吉林省邮政管理局局长王永利先生、公共事务本部总裁杨峰先生参与分享会。

莲花助学协议签订仪式

在仪式上，莲花助学项目负责人介绍了顺丰慈善基金会及莲花助学项目情况，并与受助学生签订了莲花自强关爱契约。仪式结束后，出席活动的嘉宾还与78名受助学生进行了互动，与学生们分享各自有关梦想的故事，激励同学们努力学习，早日成才。

受资助的贫困学生纷纷对顺丰速运（集团）的慈善之举表示由衷的感谢，并表示在今后的学习中会以不懈的意志和毅力，刻苦学习，以优异的成绩回报家乡，报效社会。

顺丰公益莲花助学广告

第二节　顺丰一直行走在赈灾救助的路上

面对灾难，有时会让人束手无策，不过只要人们都奉献出自己的一分爱心，帮助受灾的人们，与他们一起重建美好家园，生活将会让人看到更多的美好。顺丰速运在汶川地震、玉树地震、雅安地震中，都利用其力量，无私地帮助着更多的人。

顺丰行走在汶川地震救助的路上

汶川地震，顺丰在行动。2008年汶川地震，顺丰速运向汶川地震灾区捐款1000万元，捐赠可供3500人使用的帐篷，委派78名志愿者赶赴灾区参加救助和重建工作；助养地震灾区北川、青川、安县三地的44名孤儿至18周岁。

顺丰救助物资

相关链接》

顺丰速运助养30名青川地震孤儿

2008年11月5~8日，深圳顺丰速运集团工会主席李长荣一行带着对青川孤儿的无限牵挂抵达青川县城。此行他们将与青川县民政局签订助养青川地震孤儿30名的协议。

顺丰速运（集团）有限公司是一家成立于1993年的港资速运企业，拥有员工6万多人，是仅次于中国邮政排名第二的超大型物流企业。地震发生后，顺丰集团高度重视，组织员工捐款，共向灾区捐助937万余元。当得知灾区帐篷紧缺时，他们又捐赠可供3500受灾群众使用的帐篷。在儿童节来临之际，顺丰集团还专门为灾区儿童送来节日礼物。

顺丰集团深知一个企业的社会责任，地震后，他们时刻关注灾区儿童的生活状态。通过四川分公司副总经理龙健的联系，集团了解了青川的灾情，得知很多孩子在地震中成了孤儿。通过广元市民政局、青川县民政局提供的孤儿情况，他们最终确定助养青川县地震孤儿30名。

据了解，青川县因地震成为孤儿的有82人，目前他们主要靠政府每月600元补贴维持生活直到年底。顺丰集团的捐助无疑让青川的孤儿看到了希望。

此次捐助是顺丰集团第一次签约，捐助青川30个孤儿每人每年7200元，一年出资216000元。助养孤儿到18周岁。在助养的孤儿中，最大的17岁，最小的只有3岁。考虑孩子们的未来，顺丰集团还表示，只要被捐助的孤儿品学兼优，18周岁之后，愿意到集团上班的，都可根据实习情况帮助他们解决就业问题。

顺丰集团助养青川孤儿得到了青川县政府、县民政局等部门的大力支持。

顺丰速运网站

顺丰志愿者服务点

顺丰公益展览

顺丰行走在玉树地震救助的路上

2010年4月14日，青海玉树发生7.1级强震后，顺丰速运航空迅速反应。根据顺丰速运运行能力，顺丰速运制定专机协助抗震救灾物资往返深圳、西宁的航班计划。4月16日7: 30，南方电网、南方电监局筹集的40台发电机抵达顺丰速运航空深圳基地。此批发电机单台最大件超过800千克，总共近26吨特种货物在顺丰速运航空运作处全体成员的共同努力下，顺丰速运于当日上午11: 40按时完成打板和装机工作，经顺丰速运航空CSS6885次航班从深圳宝安机场出发，紧急飞赴西宁，于当日14: 52安全飞抵西宁机场，顺丰速运顺利完成救灾物资的运送任务。

这是顺丰速运航空成立以来首次承运超重、超大特种货物飞行高原航线。顺丰速运航空克服了高原气候和高山气候，积极参与抗震救灾工作，为顺丰速运赢得了良好的声誉。顺丰速运在民航业树立了良好的企业形象，得到了民航总局的赞扬。

运送玉树救灾物资

顺丰行走在芦山地震救助的路上

2012年芦山地震，顺丰速运宣布“四川雅安震区救援物资免费寄送服务”，尽管其中曾出现了小小的“插曲”，不过最终顺丰速运挽回了顺丰速运的形象。

所谓“树大招风”，一个企业在运营中，难免会有所疏漏。企业本身的出发点是好的，不过在执行过程中，不能保证每一位工作人员都严格执行，从而影响了企业的整体形象。对于事件本身，顺丰速运高层还是应该做一个反思，防止类似事件再次发生。相信，这才是保证树立顺丰速运企业形象的根本所在。

运送雅安救灾物资

相关链接 》》

顺丰速运拦截芦山地震爱心物资事件始末

2013年4月21日，顺丰速运在官网贴出公告，从4月21起将在中国大陆、港澳地区提供“四川雅安震区救援物资免费寄送服务”，免费寄送物品包括救援设备和急救药品、食品（饮用水和速食品等）和生活用品（包括帐篷、衣物、被褥等）。这一举措，无疑让人们对顺丰速运大加赞赏。

拦截爱心物资，各执一词

不过，当众人的赞声还未结束，却出现了一些负面信息，顺丰速运被爆拦截芦山爱心物资。爱心人士通过顺丰速运寄给民间救援队伍的物资竟然被顺丰速运慈善基金代为签收，追问下顺丰速运高层甚至提出“私了”处理。消息一出来，无疑让人唏嘘。

4月28日早上，壹基金救援联盟合作救援队“V救援”刘队长收到通知，爱心人士通过顺丰速运寄给灾区的救援物资被顺丰速运慈善基金代为签收，并未按正常程序送达快件的签收方“V救援”工作人员手中。

据某媒体记者了解得知，“V救援”队员与壹基金代表、顺丰速运多次交涉未果，顺丰速运高层甚至提出“私了”，希望“V救援”不要公开事件，而民间救援团队“V救援”则强烈要求顺丰速运公开道歉。

根据民政部门的政策，任何点对点的捐赠物资，所有单位包括红十字会和民政部门都无权截留定向捐赠的救灾物资，更不能私自签收。不过，顺丰速运却表示，在芦山地震中开通的绿色救援通道并非全部免费，免费的地点和物品种类都有限制，而且免费邮寄的物品还必须得由他们来安排。相关人员表示顺丰速运不能以“没收费”为由私自处理快件。

有寄出物资的爱心人士在微博上截图@了刘队长，图片显示该爱心人士通过顺丰速运所寄的爱心物资包裹由“顺丰速运慈善基金”签收。这时刘队长才觉悟从救灾伊始到如今自己以及其所在的“V救援”从未收到过爱心人士通过顺丰速运邮寄的包裹。

顺丰速运工作人员的态度，让人感慨

为了理清事情的真相，4月28日“V救援”队员到雅安的顺丰速运办公室讨说法。在沟通的过程中顺丰速运工作人员态度蛮横、恶言威胁，当“V救援”队员掏出手机拍摄时还被对方动手抢手机。在第一次交涉未果后，刘队长为了给爱心人士和所有关注他们救援队的大众一个交代，他选择了发微博公开自己所知道的情况，表达了自己的怀疑。

刘队长的微博称爱心人士寄往“V救援”的救灾物资被顺丰速运私自签收了，而且顺丰速运方面又拿不出相关的赈灾签收手续，他怀疑顺丰速运中饱私囊或将他人的物资以顺丰速运的名义捐赠。

刘队长向某媒体记者表示当他发出微博之后接到了顺丰速运副总裁的电话，希望这件事可以“私了”。28日下午还有自称是顺丰速运工作人员的人给刘队长打电话问他寄丢了什么东西，说可以私下购买补还给他，并要求刘队长删除微博。

“V救援”方面确认爱心人士给他们寄物资的时候都是有填写了详细的地址和可以保持正常通话的手机号码。顺丰速运“代签收”物资的时候并没有给过他们任何的通知。所有要给“V救援”寄物资的爱心人士全部都是用的顺丰速运，而如今“V救援”一份快件都没有收到。“V救援”在其微博上呼吁所有给“V救援”寄了物资的爱心人士赶紧把顺丰速运单号告诉他们，以便统计被顺丰速运“代签收”的物资有多少，待他们统计完毕后要求顺丰速运归还该物资。

4月28日，某媒体以要给灾区邮寄物资为由咨询了顺丰速运客服，客服人员表示若是寄给当地民政或红十字等机构要确认地址和接收方有人接受这份快件就可以安排免费寄出。当问及寄民间慈善组织能否免费时，客服表示这些不是免费地址不能安排免费寄物资。

"V救援"也表示所有网友寄给"V救援"的物资都按照顺丰速运的要求付了费的，而且还是按照物资重量付的大笔运费。有微博网友发帖抱怨："整理了几箱物资准备寄往灾区，联系了顺丰速运，得知顺丰速运只接受帐篷，并且要接收方出示正规函件才可免运费。"

某媒体记者致电顺丰速运时也被告知，现在只有帐篷才能走免费通道，这是根据灾区物资需求的变化而做出的决定。不过，某媒体记者查阅了顺丰速运的官网和官微并未发现相关公告。

顺丰速运最后回应：系工作失误

顺丰速运公关部负责人陈欢在接受相关媒体记者采访时解释称，救灾物资过多，已超出其正常的工作量。经过调查，尾号042包裹的去向因错分，在4月27日被交付到震区天全县城厢镇东城社区，且由相关方签收。不过，她否认了曾向"V救援"提出"私了"的说法，"因为我们的工作失误导致救灾物资错发，所以我们向"V救援"方面提出过补偿方式，但被误读为'私了'。""顺丰速运在运送救灾物资过程中没有'代签'行为，这只是个个案。"此外，陈欢还多次表示对"V救援"的歉意。据其透露，上述爱心物资一共3个包裹，尾号042包裹因错发未到"V救援"处，具体补偿方式陈欢称尚不知情。另外两个包裹由于在中转场卸货，晚于042号抵达灾区，相关媒体记者从壹基金传播部副总监姚遥处获悉，这两单物资已于4月30日由"V救援"方面签收。

顺丰速运对该事件的处理也获得壹基金方面的谅解。"V救援"4月29日下午3: 15发微博称，理解顺丰速运的工作压力，也感谢其为灾区所做的贡献，希望通过严谨的态度消除彼此之间的误会。

诚信危机，重塑信任的起点

其实，顺丰速运确实在为地震救灾出力，将全国各地通过顺丰速运运送的救灾物资送到了雅安地区，确实帮助了当地灾民。不过，由于其中一些细节上的不严谨，或者没有提前告知，引来了一些质疑。因为在人们的通常意识之中，既然是捐给雅安灾区的物资，应当由当地人或者当地机构签收，而反映在查询系统里的，却是被顺丰速运慈善基金会签收。这样引来误解也是很正常的事。这也只能怪顺丰速运没有将捐赠、签收的一套流程，明确让消费者获悉，或许是与消费者直接打交道的快递员未完全沟通到位。这一点，也是值得顺丰今后改进的地方。

其次，顺丰速运的危机公关看起来似乎还需提高。其实，并非一家媒体质疑其基金会代签收的行为，在微博上也早有大V发现了相关事件，并明确提出了质疑。有人特意去查了双方沟通的时间点，该大V微博用户质疑发出的时间为4月28日中午，而顺丰速运通过官方微博回复是在当天的24时左右。诚然，这中间需要调查、确认，在当晚能做出回复也实属不易，但在微博时代，12个小时的时差已完全足够让一个未经确认的事实点燃网民情绪。更何况，根据这名大V微博用户的说法，在这12小时内，也就是顺丰速运官微发出回应前，他与顺丰速运后台客服多次沟通，却得到了诸如“无权查看”自己运单的回答。危机公关不仅是发个通稿回应这么简单，而应该是整个企业从上到下有效动员，统一信息，这样才能真正正本清源，避免“越描越黑”。

不过，根据顺丰速运后来进一步详细的说明，不论是这名不打不相识的大V用户，或者是对“代签收”有疑问的人，都得到了一个明确的回答，其解释也算是合情合理。当然，这未必是坏事？要说顺丰速运经历了诚信大考确实没错，但从考试成绩来看，“作弊”最终被证明是莫须有的事，只不过是一些细节上的不完善，导致了一些误解。俗话说真理越辩越明，希望这次诚信大考之后，顺丰速运应更有诚信意识，并以一点一滴的进步，重塑国人对于顺丰的诚信形象。

顺丰行走在支援房山灾区的路上

2012年7月22日，北京遭遇61年来最强暴雨。一夜之间，京城成为一片泽国。据了解，此次灾情最为严重的是房山区。由于砂石堵塞河道，导致整个村庄被淹，百余间房屋倒塌或变成危房。顺丰优选基金会得知此情况后，迅速于23日晚成立临时“支援房山”救援小组，连夜策划公益援助活动。24日中午，基金会将300箱水、300箱方便面、1200盒药物及时送往房山区北车营村的263户1050名居民手中。

7月23日18时，顺丰优选基金会了解到房山区北车营村受灾情况后，即刻召开紧急会议，针对受灾情况，进行救援部署，并向公司全体员工征集支援房山志愿者。

7月24日上午，优选基金执行组小分队已将所有物资采购齐全，并集结27名志愿者整装待发，13:15，所有物资装车完毕后，优选基金“分担风雨，共享阳光”活动正式启程。

历经2个小时车程，车队抵达北车营村临时安置点——北车营村完全小学。学校操场里安置了20个临时帐篷供人住宿。由于道路淤泥暂未疏通干净，我们只好决定徒步将物资送至居民家中。17:30，发放完物资后，“支援房山”队伍开始返程。“分担风雨、共享阳光”的支援房山之行到此结束。

也许顺丰优选基金会如今能力有限，只能为灾区送去一点救急的物资，但其用行动告诉灾民们，洪水无情，人间有情，危难之时，我们绝不做旁观者!

优选基金支援房山的广告语

7月23日18时，顺丰优选基金会了解到房山区北车营村受灾情况后，即刻召开紧急会议，针对受灾情况，进行救援部署，并向公司全体员工征集支援房山志愿者。

24日上午，优选基金执行组小分队已将所有物资采购齐全，并集结27名志愿者整装待发，13:15，所有物资装车完毕后，优选基金“分担风雨，共享阳光”活动正式启程。

历经两个小时车程，车队抵达北车营村临时安置点——北车营村完全小学。学校操场里安置了20个临时帐篷供人住宿。由于道路淤泥暂未疏通干净，我们只好决定将物资徒步送至居民家中。

下车后，我们被眼前的景象惊呆了——淤泥满布道路，有的巷内还存有积水，多数房屋墙壁已坍塌，露天院内尽是淤泥，湿透的衣物一堆堆晒晾在断壁残垣上。

15:30，优选基金支援房山队伍开始分头行动。大家有序地派送物资及对现场情况进行了解。

一名40岁的中年妇女说，院内积了20公分的淤泥，只能用铲子慢慢铲出院外。

有位80岁高龄的白发老人称，暴雨灌进屋里，水已淹到嘴边，但强烈的求生欲望，让她费尽全身力气抓住漂浮床板，沿着窗子爬出，才挽回一命。老人亲眼目睹一辆小轿车冲出十二三米之远。目前，由于老人身患乳腺癌，无法帮忙重建家园，只好看守从淤泥中挖出的镰刀，少量锅碗，但大部分厨具已经被大雨无情冲走。当得知我们是来援助送物资时，原本坚强的老人顿时哽咽了，抹去眼泪后连声称谢，还叮嘱我们小心看路。

据一名孩子的母亲说，下暴雨时尚未萌生逃生意识，直到发现水漫至腰间，沙袋已无法阻拦雨水，才想方设法从楼梯爬上房顶，在等待半小时无果后，又冒着大雨沿着防水墙往上爬，父亲顾不上往下冲的泥石流，背着年仅4岁的小孩硬是攀了上去。一家人在地势高的人家滞留了一宿。

16:00，支援工作仍在有条不紊地进行。尽管灾情惨重，大雨却冲不走温情与希望。老人们执手相牵，步履蹒跚的走过泥泞小路；中年男子忙着搬运沉重的树干；妇女们用勉强“干净”的污水清洗着捡回来的用具；趴在母亲背上的小女孩，还贴心的提醒路人，当心路滑摔跤……

目睹北车营村灾情的志愿者们，无不感慨万分。有的人说，北京一夜暴雨，下的不是雨，而是洪水，在灾难面前方显人间真情。我们告诉北车营的村民：不论坍塌了多少房屋，不论冲走了多少物品，只要人不倒、命还在，就能用双手重建家园；暴雨冲走了废弃的家园，冲不走我们守护家园的决心，风雨过后，总有彩虹！

17:30，发放完物资后，“支援房山”队伍开始返程。分担风雨、共享阳光的支援房山之行到此结束。

也许顺丰优选基金会如今能力有限，只能为灾区送去一点救急的物资，但我们只想用行动并告诉灾民们，洪水无情，人有情，我们愿意与他们共同分担风雨，共享阳光，危难之时，我们绝不做旁观者！

顺丰优选支援房山的记录

第三节 顺丰一直行走在扶贫济困的路上

在这个社会，总有着一些人需要他人的帮助，“赠人玫瑰，手有余香！”

扶持贫穷的人，救济困难的人，在施予的同时，赠予的人会更加快乐。顺丰速运帮助了许多真正需要帮助的人，如公益慈善快递、为老人院捐款等，可谓是不胜枚举。

关爱孤残儿童，展现顺丰精神

2011年8月19日，嘉兴区工会组织了第三期“关爱孤残儿童，展现顺丰精神”关爱活动。参与活动报名人数达30余人。由于考虑到孤儿院容纳人数限制，最终挑选10名会员参与此次活动。

当日，会员们带着水果、点心及会员们捐赠的衣物，前往嘉兴市社会福利院看望孩子们。到达福利院，在工作人员的指引下来到了孤儿活动教室。会员们看到小朋友，积极参与其中，与孩子们打成一片。活动持续了一个半小时，会员们才依依不舍地离开福利院。通过此次活动，让孤残儿童感受到了社会对他们的关爱，同时也展现了顺丰精神，教育了公司员工。

带着慰问品，前往教室

工作人员介绍院内的小朋友

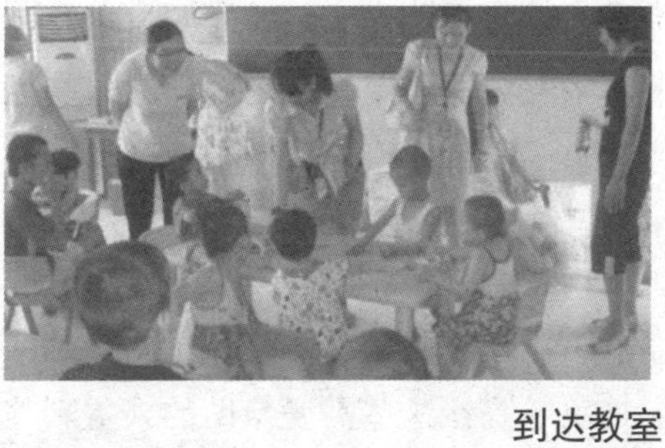

到达教室，分发点心

与小朋友互动

与结对子的小朋友合影留念

临走，合影

传承美德，“尊老敬老”活动

顺丰走进中山区三角镇蟠龙村敬老院

顺丰二十周年，爱心公益接力活动传递到中山区。“尊老敬老”是中华民族的传统美德，需要我们继承与发扬。

顺丰携手爱心志愿者，开展以“送温暖，献爱心”为主题的爱心活动，带着月饼、牛奶与水果等中秋慰问品来到中山区三角镇蟠龙村敬老院，为孤寡老人送去关爱，与老人共度温馨时光。

顺丰走进江宁淳化敬老院

尊老敬老是中华民族的传统美德。然而，社会经济突飞猛进，竞争愈演愈烈的今天却有越来越多的老人被冷落，是敬老院让这些需要帮助的人重新找到了家，得到了家的温馨和爱的呵护。为了让老人得到更多的温暖与爱，江苏顺丰有限公司工会、党委联合江苏省快递协助特别组织此次慰问老人的志愿活动，希望通过此次活动给敬老院中的老人们献上更多的爱心，也希望此次活动能够呼吁更多的人去关注老年人，敬老爱老，让他们时时刻刻能够感受到社会大家庭的温暖。

顺丰员工爱心救助外省女孩

2013年11月6日上午，31岁的白桦在深圳市二医院血液内科病房捐献了造血干细胞，用于救治外省一名20岁出头、身患白血病的女孩。在病房陪伴他的，还有另外两名已经捐献过造血干细胞的爱心志愿者施亚飞和肖俊。

白桦目前是顺丰快递的一名快递员。凑巧的是，在他之前，已经有同事戴兴旺捐献过造血干细胞；在他之后，还有一名同事王少林即将捐献造血干细胞。“医生说，与白血病患者的HLA配型成功的概率只有千分之几，但我们公司就配上了3个，‘中奖率’非常高。”白桦笑称。

如果要捐献造血干细胞，白桦需要住院2周左右，公司不仅给白桦批了假，还确保休假期间工资正常发放，非常支持员工的爱心举动。就在他6日捐献的当天，公司还派工作人员到病房慰问。白桦是深圳市第142位造血干细胞捐献者。

据了解，肖俊在西安上大学的时候，就填写了造血干细胞捐献志愿书，毕业后来到广东工作，换了电话号码。去年，中国造血干细胞捐献者资料库陕西管理中心的工作人员，按照旧的号码联系肖俊，电话打到了他的父母家。父母担心捐献会影响儿子的健康，没有告诉肖俊。肖俊偶然得知了这个消息，主动联系了西安的工作人员，表示愿意捐献。考虑到他已经在深圳安家，最终肖俊得以在深圳市血液中心的安排下成功捐献。

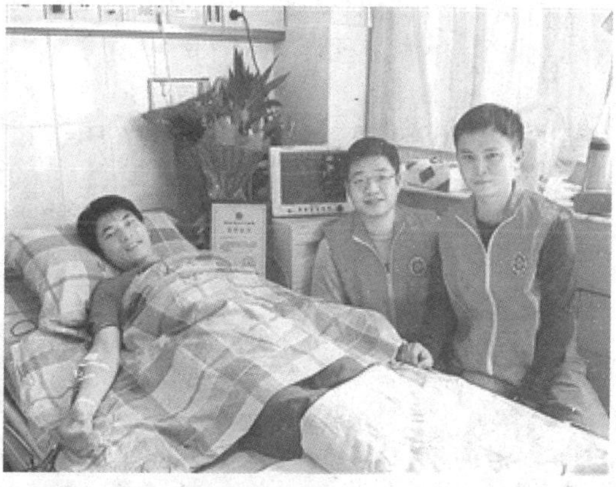

顺丰工作人员到医院慰问干细胞捐献者白桦

嘉兴区救人英雄也有顺丰人

2014年7月27日晚上6时多，市区禾兴南路与勤俭路交叉口，小宋姑娘涉水路过时触电，倒地不起。因为积水比较深，小姑娘整个头都快没进去了。有人想救她，都被弹开了，大家都不敢动了。安大叔从新东方五楼冲下来，不顾危险直接冲进水里，一把把她从积水里救出来。当时水里有电，电从安大叔一边胳膊流到另一边胳膊，全身都麻了。他还跪在地上给小姑娘做心肺复苏和人工呼吸，并把她抱上救护车。

安玉斌英雄47岁，顺丰快递公司王店蚂桥中转场司机，曾当兵4年。爱人在新东方棋牌会所当收银员，在她爱人眼里，老公是个太过热心和讲义气的人，甚至有时为帮助别人而不惜冒险“伤”了自己。老一辈的退伍兵，值得称赞！

第四节　顺丰志愿者一直行走在关爱的路上

当然，只有懂得感恩，才能赢得更多的支持。作为一家民营企业，顺丰速运一直努力向前行！顺丰速运既是一家有社会责任感的企业，又是一家懂得感恩的企业，其明白成功是靠所有客户的支持。因此，在顺丰速运发展的过程中，一直不忘回报社会。如在2009年，顺丰速运成立了“广东省顺丰速运慈善基金会”，用于支持慈善事业的发展。

顺丰志愿者服务队

顺丰的公益版图

顺丰的公益活动大盘点

份	金额	公益活动
2003	200万元	（1）为中国非典型肺炎的防治工作捐赠200万元 （2）荣获国家民政部“爱心捐助奖”
2004–2005	250余万元	（1）荣获广东省青少年事业发展基金会“捐赠证书”：为希望工程捐赠100万元 （2）投入慈善事业资金，共计250余万元
2006–2007	250余万元	投入慈善事业资金，共计250余万元
2008	1500万元	（1）“5·12大地震，顺丰在行动”：向汶川地震灾区捐款1000万元，捐赠可供3500人使用的帐篷，委派78名志愿者赶赴灾区参加救助和重建工作 （2）助养地震灾区北川、青川、安县三地的44名孤儿至18周岁
2009	250余万元	（1）投入慈善事业资金，共计250余万元 （2）正式成立广东省顺丰慈善基金会
2010	1650余万元	（1）西南旱灾救助项目：500万元 （2）青海玉树灾区援建项目：捐款900万元 （3）凉山州美姑县爱心班资助项目：78万元 （4）少数民族村落水电站建设项目：172万元
2011	约600万元	（1）江西海龙学校校舍修缮，援建费用5万余元 （2）先后与15家高校签订“顺丰奖学金”，合计金额156万元 （3）尤溪县安宁乡道路建设，援建费用16万元 （4）四川省康定县塔公乡江巴村老人院建设，援建费用250万元 （5）广东省鹤市镇中心小学、河布小学、黄石小学，捐赠书包450个6750元 （6）斑玛县达卡乡爱心板房小学，援建费用30万元 （7）广东省和平县李田村先后捐赠扶贫款项15万元 （8）平潭县北厝中心小学，数字青少年宫，校园网建设，援建费用26万元

续表

份	金额	公益活动
2011	约600万元	（9）凉山州普格县荞窝镇中心校，顺丰爱心班资助贫困学生50名，6年资助费用总计79万元 （10）广东省紫金县古竹镇奎溪小学的运动场地援建费3万元 （11）共成立"顺丰电教室"7间，共捐出置换电脑333台主机，CRT显示器112台，液晶显示器68台，及配件333套价值约85800元 （12）深圳市警察基金会，捐款5万元
2012	300多万元	（1）开展莲花助学项目：甘肃省永靖县5所中学资助120名学生，安徽省太湖县2所中学资助80名学生；合计款项每年约60万元 （2）广东省龙川县中心小学捐赠置换电脑38台主机，爱心课桌椅200张 （3）开设四川省凉山州金阳县洛觉小学，资助50名失依儿童，资助款6年共91万元 （4）开设四川省凉山州民族中学女子高中班，资助60名贫困女子高中生，资助款3年共95万元 （5）广西凌云县学校教学办公电脑捐赠，50套置换电脑 （6）甘肃省永靖县永靖回民中学全校课桌椅置换，500套6万元 （7）江西省永新县海龙学校篮球场修缮工程，约6万元 （8）龙岩连成江坊村主村道改造工程项目，约23万元 （9）连山壮族瑶族自治县吉田镇旺南村双到扶贫工作，捐资20万元 （10）和平县彭寨镇双到扶贫工作，捐资10万元 （11）山西孔贞兰孤儿院捐助物资，约6000元
2013	3752万元	（1）积极参与雅安赈灾：雅安，岷县 ①为各地赈灾物资提供免费物资运送，累计减免费运费达1934万元 ②支付外部运输费用600万元 ③为甘肃省岷县购置救灾物资6.7万元 （2）支持大学教育，在各大学颁发顺丰奖学金64万元 （3）扶贫救困，发放贫困救助金83万元，救助困难家庭65个 （4）持续开展莲花助学项目，资助家境困难的优秀高中生

续表

份	金额	公益活动
2013	3752万元	①甘肃永靖、安徽太湖、吉林白城、贵州天柱、江西崇义、湖南中方资助516名学生，2013年资助额112万元 ②江西省龙勾乡合坪村小和龙勾乡中心校，捐赠爱心课桌椅550套6万元 ③设立闲置物资分享平台，对社会提出全新的环保理念，40万元 （5）支持教育，捐建顺丰莲花小学 ①与甘肃省镇原县、甘谷县签订建校协议，共援建5所小学，累计投入900多万元 ②江西省吉安市永新县海龙学校校园修缮，修缮费用7万元
2014	237万元	（1）成立顺丰电教室采购电脑配套物资52万元 ①湖南省中方县锦溪小学、接龙学校捐赠电脑40套 ②甘肃省永靖县罗山小学、祁家山小学、抚河小学、朱王学校捐赠电脑55套 ③西藏自治区喀则市仲巴县帕羊镇中心小学顺丰电教室建设 （2）助学项目142.4万元 在四川省凉山州设立顺丰女子初中班和顺丰爱心小学班 （3）其他项目43.4万元 捐赠凉山昭觉志愿者公益协会雪地靴866双 捐款壹基金合作温暖包项目，并组织员工分发温暖包宣传单

顺丰的公益项目大汇总

项目一　莲花助学

莲花助学是顺丰公益基金会设立的资助优秀贫困中学生（中国境内学生）完成学业的公益项目。项目针对贫困学生中学及大学阶段。中学阶段为资助对象提供2400～3200元/学年的生活费，大学阶段为资助对象提供3000元/学年的生活费，并提供勤工助学的社会实践岗位，给予勤工助学岗位的薪资待遇。

莲花助学金助学对象

学生在读年级：初三至高三。

学生家庭情况：人均收入低于当地最低生活保障标准的（需要实地走访核实），孤儿、单亲，家中有残障人士、重疾者需要费用支出等情况优先。

学生品质：生活勤俭节约、学习刻苦勤奋、遵守校纪校规、思想积极上进。

助学方式与标准

经济资助：

初三、高中阶段：给予初中生1200元/学期，高中生1600元/学期经济资助，在每学期开学当月直接发放到学生账户。

大学阶段：给予3000元/学年的经济资助，在每学年结束时发放到学生账户。

陪伴计划：以顺丰员工及家属为主体，组建“陪伴人”团体，一对一陪伴，坚持关注孩子的健康成长，与孩子保持顺畅的信息沟通，担当起陪伴孩子成长的责任。

社会实践：大学阶段，顺丰将为愿意参加社会实践的学生提供勤工助学的社会实践岗位，并给予勤工助学岗位的薪资待遇。

项目二 顺丰一人一书桌计划

为贫困山区儿童提供良好的教育环境是最基本的儿童权利保障行动。顺丰公益基金会发起的“顺丰一人一书桌”计划，以解决中西部贫困山区学校的课桌椅残破缺失情况，努力让更多的山区孩子享受良好的教育资源。主要针对中西部山区学校的困境。

援建对象：贫困地区农村中小学。

项目审核细则：

（1）校园课桌椅破旧，无法满足学校正常教学需求，急需更换；

（2）学校办公经费有限，无法调拨资金改善学校课桌椅现状；

（3）学校生源稳定，无并校、撤校规划。

项目三 顺丰电教室

推广绿色、节能的环保理念，顺丰将本企业的置换电脑进行专业检测后，配备全新的显示器，在贫困地区农村小学建立再生电子教室，提升教育的可及性，为孩子们开阔视野。

援建对象：贫困地区农村中小学。

审核细则：

（1）学校无教学用电脑或现有电脑无法满足学校正常教学需求，需更换；

（2）学校办公经费有限，无法调拨资金配置教学用电脑；

（3）学校生源稳定，无并校、撤校规划；

（4）学校有空闲教室可作电教室使用，且有计算机老师可以开设计算机课程。

项目四　顺丰凉山爱心班项目简介

2010年，顺丰公益基金会在四川凉山开办了第一个顺丰爱心班，助养了50名失依儿童，负担他们所有的学费和在校期间的生活费用。这只是个开始，从2010年到2014年，已有6个顺丰爱心班，受到帮助的孩子也从50人变成310人。顺丰公益基金会致力于改善凉山失依儿童的生活现状，为他们提供平等的受教育机会，享受均等的教育资源。

项目合作机构：凉山彝族妇女儿童发展中心。

项目实施概况：

2010年四川省凉山州西昌市美姑县巴普小学（50人）

2011年四川省凉山州西昌市普格县荞窝镇中心校（50人）

2012年四川省凉山州西昌市民族中学（60人）

2012年四川省凉山州西昌市金阳县洛觉小学（50人）

2013年四川省凉山州西昌市昭觉县四开希望中学（50人）

2013年四川省凉山州西昌市昭觉县美姑民族中学（50人）

附录一

王卫谈信仰、文化和道德的励志演讲

顺丰速运（集团）有限公司总裁　王卫

之前谈了不少关于创新、变革、服务等方面的内容，现在我想和大家谈谈与之配套的软环境——信仰、文化和道德。

很多同事都知道我是有宗教信仰的人——信仰佛教。为什么会有这个信仰，这个信仰给我带来了什么，了解了这些之后，相信大家对我王卫和顺丰的所作所为，以及顺丰未来的发展会有更好的理解。

首先我简单地描述一下我自己的成长经历。我22岁开始创办顺丰，25岁公司初具规模，算是赚得了第一桶金。可能有人会说王卫很难得，年轻得志，却没有头脑发热变成“土豪”。其实，我25岁的时候也曾经是一副标准的暴发户做派。不过这一切都是有背景和原因的：我们全家1976年从中国内地移居香港，当时面临的境况是一穷二白，一切都要重新开始。我父母之前在内地是大学教授，但是去到香港学历不被承认，就只能去做工人，收入微薄。所以我穷过，相当清楚贫穷和被人歧视的滋味。后来当我25岁赚到人生第一桶金之后，有点目空一切的感觉，恨不得告诉全世界，我王卫再也不是从前那个样子了，我也是有钱人了！

所幸，这个过程没有持续多久，主要原因有三：

第一，随着事业不断迈上新台阶，个人的眼界和心胸不一样了；

第二，得感谢我的太太，她在我得意忘形的时候，不断泼我冷水，让我保持清醒和冷静；

第三，是找到了精神依托，信了佛教。

佛教让人内心平静，并且读懂了里面的因果关系能够让人醍醐灌顶。人这一辈子的成就、际遇，是跟上辈子积下来的福报有关联的，不管你权力多大、财富多少，很多东西你都掌控不了，比如说你是男是女，什么地方出生，长相什么样，家庭是否富裕等等，你更加控制不了的是今天运气好坏，明天成功与否……人生有百分之九十九的东西你都控制不了，只有一个百分点你可以掌控，那就是做事的态度。这个态度都有两面，究竟是采取积极的态度还是消极的态度，是接受正念还是邪念，由你自己来决定。如果你在这方面做出了正确的选择，就会把这一个点又放大成一百个点，弥补很多其他方面的不足。

为什么要讲这个呢？因为在企业的发展过程中，我越来越意识到，我今天的所谓成功，其实是上辈子积下来的东西，而在这个过程中，所谓的本事不本事，只是天时地利人和集合到一起的一个福报。坦白说，我不太相信偶然，为什么会有偶然，因为无知才会相信偶然，突然中了大奖，不知道为什么，就会觉得是偶然，当所有的因果都集中到一起后，你再去比对，你会知道这是必然。我们现在要做的，就是利用顺丰这个不错的平台，把未来很多不确定的看似偶然的东西变成必然。

佛教中有很多“法”故事，这些故事的宗旨都是帮助世人“正知、正念、正行”。虽然都是一些形而上的道理，但是能够给人一个正念，一个积极的人生观、价值观，同时还能够通过接受者的一言一行传播开来，比直接授人以鱼、予人钱财，功德更大。而企业文化做得好，也具有这样的功能。

现在每年公司都有很多人进进出出。为什么有些员工满怀憧憬地进入公司，过一段时间却走掉了？原因很简单，要么是受到了不公平待遇，要么是不能满足他的需求（包括物质的，也包括职业发展的）。但这里面可能存在一个问题：那就是很多离职员工所需要的东西并非公司给不了，而是公司并不知道他想要什么。这就很可怕。人留在公司，才可以做企业文化，才能有针对性地培养，人来了两三个月就走了，再对一个新来的人讲企业文化，如此恶性循环，是没有用的。这就好比我们培养自己的孩子，当他两三岁的时候你跟他说要爱爸爸妈妈，要好好学习，他才懒得理你，就知道伸手要吃的；然后他进入青春期了，就学会了反叛。我有三个孩子，现在老大十四五岁，开始“造反”，老二看见老大“造反”很痛快，自己也跃跃欲试。这很正常，我们小时候也这样。在这个过程中我们必须有耐心，关心他、包容他，等他到了十七八岁，慢慢成熟了，就会知道家庭的温暖，再等到他结婚有了孩子之后，就更能体会父母的伟大了。

任何人的成长都有这么一个过程，对于企业员工也是一样。首先你要让他能在企业待得下去，然后才能通过企业文化、制度、培训、激励等方式方法，让他真正融入整个团队，找到归属感，获得荣誉感。

同时，在这一过程中，我们针对不同的人群，在不同的时期，也要提供不一样的东西。打个比方，在管理上我们针对不同年龄段的人，就应该讲不同的话。年轻人、90后，你跟他讲太多枯燥的大道理，他根本听不进去，有时候可能还会适得其反。我们每个人都曾经年轻过，大家想想自己年轻时的心态——在想些什么，想要些什么，最反感什么……因此我们应该学会将心比心，用年轻人熟悉的语气、方式去和他平等地对话，不要居高临下，不要颐指气使，更不要有太多的命令、指责。

除了不同年龄段，不同级别的人需要的东西也不一样——有一定物质基础的人和完全要解决生存的人，追求不一样，日常的需求和着眼点也不一样。对待公司高层要以什么样的方式，对待刚进公司一年的同事要采取什么样的方式，对待服务公司超过十年的老员工要以什么样的方式……不同级别、不同年龄、不同工龄，甚至不同性别都要有不同的应对之策。在这里千万不要采取所谓的以不变应万变，眉毛胡子一把抓，工作必须做细，方式方法必须系统科学。

最后我想讲讲关于个人修养，也即是“德”的问题。

今天这个社会，经济大发展了，但人心却更浮躁了，很多人有意无意地都在追求“威”（广东话“威水”的简称，意指炫耀，傲慢）。但是在什么基础上才可以去威，威的基础是什么，很多人都没有搞清楚。有人觉得有钱有权就威，我认为这个观念是完全错误的。威不是建立在金钱或权力的基础之上，而是建立在道德的基础之上。一个人可以昂首挺胸地走在路上，并且收获的都是尊敬且乐于亲近（而不是羡慕嫉妒恨）的眼神，这才叫威。

在这里我想告诉我们所有的顺丰同事，要正确理解威的内涵，关于社会上对它的“迷信”一定要彻底打破。很多人喜欢在穷人面前炫富，在平民老百姓面前炫耀权力，在我看来这是一种很幼稚的表现，他们错误理解了财富和权力的含义，同时还缺乏一样很重要的东西。

这几年报章媒体都在讨论，说我们的国人出国被外界歧视，是因为现在中国人有钱了，他们妒忌，心理不平衡。对此我想说的是，这方面的原因不能说没有，但更多的恐怕还是看不惯我们种种愚昧以及缺乏教养或素质的行为。一个人所拥有的财富和他的品格、素养不成正比的话，是一件相当可悲的事。

我们走出去后，要想别人尊重我们，首先我们自己必须有道德有修养，并且学会尊重别人。怎样才算尊重别人呢?首先你要尊重人家的环境，不随地吐痰，不乱扔垃圾；其次你要尊重人家的生活习惯，公共场所不大声喧哗，乘车购物时自觉排队；最后要尊重人家的文化，不同的宗教信仰，不同的制度法规你得了解，避免在日常行为中构成挑衅或冒犯……如果这些你都毫不在意，就凭着自己的感觉和习惯在异国他乡“为所欲为”，被人鄙视也就纯属自找的了。现在顺丰海外网点越开越多，内部员工中出国旅游的人也越来越多，我希望大家千万不要沾染上这种种恶习。

关于尊重我还有一个自己的衡量标准，那就是要让为你提供服务的人也因为服务你而感到开心。去饭店吃饭，上至经理下至服务员，我都会主动跟他们打招呼，服务过我的服务员，也都很享受服务我用餐的工作过程，因为我会很礼貌很平和地去跟他交流，我要让这个服务员因为服务我而感到很开心，这叫尊重。相反，有些人一进到饭店就是一副不可一世的做派，对服务员呼呼喝喝，态度相当恶劣，这样的人是很难收获真正的尊重的。

而作为服务行业的从业者，你想你服务的客户是什么样的人，首先你自己就得是什么样的人。这叫德、这叫威，而不是开豪车住豪宅，出手阔绰，每天鱼翅漱口叫威。如果大家都能这么想，那我们这个社会也就离大同社会不远了。

附录二

王卫接受《人民日报》的专访

谜一样的王卫二十几年只接受一次专访，他到底谈了什么?

2011年，顺丰速运董事长王卫破天荒地接受了一次《人民日报》的专访，这次对谈是唯一一次王卫直接对外界袒露心声。

记者：在您看来，中国民营快递企业要想有朝一日赶上国际快递大企业，还要做哪些努力？

王卫：首先，当然是要确立目标。我们说追赶国际快递大企业，追赶的是什么？我想首先不是规模，而应该是服务质量和声誉，追求像他们一样受到消费者的认可和社会尊重。

其次，是要评估好自己有没有实力去实现这个目标。基础不稳的话，你在上面盖房子很容易变危楼，如果塌方影响更大。民营快递行业这两年才刚刚发展起来，所以，我们要对自己有一个清楚的评估，要脚踏实地一步步走。至于能走多快、走多远，我认为并不需要苛求。一旦发现基础不能支撑，要赶紧调整节奏。

同时，中国服务业企业能不能保持又好又快发展，也要看国家的产业政策能不能持续稳定。对民营快递企业来讲，如果国家鼓励，企业的发展步伐就能快一点；如果政策变来变去，企业发展就会愈加艰难。所以中国民营快递能走多快、走多远，和政府的决心不无关系。其实民营快递企业想要的并不多，2007年政企分开以后，昔日的竞争对手变成了行业管理部门，之后行业政策一直稳定，政府帮我们解决了多年来企业靠自己一直解决不了的问题，比如解决提高分拨环节机械化水平所需的土地、车辆进城难问题等等，在经营规范方面也给了我们很多指导。我们并不是说非要政府给多少补贴，一些小问题企业自己也会尽量想办法解决。关键是国家大的政策环境要支持民营快递企业发展，这对我们至关重要。

另外，我还想说一点，中国民营快递行业现在的确有些欠缺，投诉也比较多，这是产业发展的一个必经阶段。因为和国际成熟企业相比，我们毕竟太年轻。特别是面对市场需求的陡然增加时，我们的运送能力难免一时难以支撑。但也要看到，中国快递行业整体服务质量近两年进步其实非常大。特别是新邮政法颁布实施这几年，民营快递企业投入扩大再生产心里有了底，不仅是顺丰，几乎所有民营快递企业都是一年一个样儿。以前民营快递企业因为拿不到土地，上不了机械化设备，都是靠人工分拣，效率不高还容易出错，一出错邮件肯定就要延误，这两年，几家大快递公司每年都有新的分拣中心建成，机械化水平越来越高，分拣速度越来越快，而且用皮带轮传送快件，抛扔的情况也少很多。以前，你想知道快件运到哪里了，只能给业务员打电话查询，还不一定能查到。现在，几家大快递公司都能提供快件跟踪服务，在网上一查就能知道快件哪天哪个时段到了哪里，有些甚至还能查到是谁处理的，公司对运输车辆也都有远程监控，运输人员也不可能中途调包了。

所以，希望大家能对我们多一点耐心。现在各家民营快递企业都已经认识到了提高服务质量的重要性，都在加大这方面的投入。但要看到明显效果，可能还需要一段时间。我相信，只要国家大的政策环境不变，中国民营快递企业五年之内一定会有一些亮点!

附录三

王卫接受《中国邮政快递报》的专访

——嘿客先建店再摸索商业模式

除了少数体制（行业）内媒体，顺丰创始人、顺丰速运集团总裁王卫甚少接受媒体采访。2014年10月21日，《中国邮政快递报》记者对王卫做了一个电话采访。以下是摘出的访谈要点：

感谢邮政体制改革

“我对2007年邮政体制改革的印象比较深。两年后，修订后的邮政法正式实施，民营快递企业获得了合法身份。国家对民营快递企业从体制上到法律上的认可，坚定了他们做大做强行业的决心以及发展壮大行业的决心。”

此前，民营快递企业还被冠以“黑快递”的头衔，得不到法律的认可。2009年4月24日，十一届全国人大常委会第八次会议表决通过了修订后的《中华人民共和国邮政法》，并于2009年10月1日起正式实施。民营快递企业从而才得到法律认可。

“如果没有当年的邮政体制改革，顺丰及‘通达系’的兄弟企业也会在，但我们的体量可能只有现在的三分之一到五分之一。修订后的邮政法还督促企业关注服务质量，引导企业在做量的同时还须注重提质。”王卫说。

“体制改革大大增加了快递市场主体，而民营企业的加入更是让快递服务的价格走进市场化机制中。服务价格降低，让更多的普通消费者了解和接受快递。随着市场的普及，快递服务开始向生活服务领域发展，并逐渐渗入人们生活的方方面面。在这个过程中，市场对快递服务的巨大需求逐渐显现出来，而快递业的迅速发展，又促进电商规模的进一步扩大。”

重视业务的“质”胜于“量”

2013年，顺丰进入电商快件市场，新的领域大大增加了顺丰的业务量。但对于“跳高”的业务量，王卫并不“感冒”，他说：“我更看重我们的服务质量是不是保持了同步增长。”

对于王卫来说，业务量只是数据的积累，他本人“更关注质量，因为质量是数量的新起点”。在人员、设备等现有投入不变的条件下，业务量的增加势必会导致快递服务质量的下降，而这是王卫所不愿意看到的。他的经营逻辑是：高质量的服务成就企业品牌，立得住的品牌才有差异化的价格。因此，“品牌就是未来快递企业服务产品的卖点”。

在回答有关2013年“双十一”期间业务量冲刺目标的问题时，王卫明确表示对业务量没有设置具体目标，而是“对服务有要求”，顺丰会根据客户的要求持续不断地优化服务流程、保证服务质量，走差异化竞争的路。用王卫的话说，就是“商业的本质是服务和产品，这样才会有利润”。他进一步解释说：“对于一个看重品牌的快递企业来说，业务量增长过高、过快是个很大的挑战，这意味着企业必须在服务质量和业务数量两者间做出选择。”

“我非常看重顺丰的品牌，这不只是一个面子的问题。顺丰品牌声誉的好坏直接关系到全体员工的生活是否有保障。”

“嘿客”经营模式，并非全国统一

近年来，顺丰做了很多非典型意义上的快递业务，其中尤以“嘿客”最受关注。

“B2C是市场未来的发展方向，而顺丰原有的业务优势在于B2B，B2C对顺丰来说是一个新的业务领域。”王卫表示，B2C在服务对象、服务标准、服务时长等方面与B2B迥异，布局“嘿客”正是为了探索一种能够更好地服务C类客户的模式。

“目前，‘嘿客’的商业模式还不够完善，因此需要不断进行改进和完善。是选择等待商业模式成熟后再建店，还是先建店再摸索商业模式?顺丰选择后者。”王卫说，不同地域、不同人群有着不同的消费习惯，因此“嘿客”的经营模式也不应该是全国统一的，要根据社区消费者的生活习惯和消费习惯进行调整。

附录四

王卫接受《羊城晚报》的专访

——上市只会让企业变得浮躁

谈低调：赚到钱只是因缘际会

羊城晚报：这是您第一次接受媒体专访?

王卫：是的，这是我第一次直接面对媒体，今天豁出去了，我能说的，一定言无不尽，但还是不要拍照。我总是站在旁边的那一个，习惯了享受低调的生活，做一个平常的老百姓、一个凡人很舒服，没有威胁。

羊城晚报：这就是您保持低调作风的原因吗?

王卫：我信佛，我认为，人的成就和本事是没有关系的，成就是与福报有关系，所以有钱没有什么了不起的，拥有本事也没有什么了不起，赚到钱只是因缘际会而已。所以我认为，个人事业上的一些成绩不值得渲染。低调一点对于管理企业也有好处，没有员工认得出你来，你才可以深入基层去了解最真实的情况。

谈融资：上市会让企业变得浮躁

羊城晚报：有没有让顺丰上市融资的打算？

王卫：其实这个问题可以回到宗教信仰上来，我认为，做企业的目的不是为了赚钱，我是想做成一个平台，通过这个平台我可以实现我的价值和理想。

上市的好处无非是圈钱，获得发展企业所需的资金。顺丰也缺钱，但是顺丰不能为了钱而上市。上市后，企业就变成一个赚钱的机器，每天股价的变动都牵动着企业的神经，对企业管理层的管理是不利的。我做企业，是想让企业长期地发展，让一批人得到有尊严的生活。上市的话，环境将不一样了，你要为股民负责，你要保证股票不断上涨，利润将成为企业存在的唯一目的。这样，企业将变得很浮躁，和当今社会一样的浮躁。

羊城晚报：您认为上市会对顺丰的发展不利吗？

王卫：是的，做企业应该踏踏实实的，真正想做好企业，不一定要上市，要做基业长青的企业，就要有远大的远景，要为未来进行大胆的投入、大量的投入。成为上市公司后，你的每一笔投入，都要向股民交代，说服他们这笔投入是有利可图的，是可以在短期内获得利润的，要有业绩出来，这个我恐怕做不到，我真的没有办法保证对未来的战略性投入可以有立竿见影的效果，更不能保证我不会失败，这也违背了我做企业的精神。

同时，在国内快递行业面临着国际上四大快递巨头的竞争，一旦上市的话，就要信息披露，企业就要变得透明，这样将不利于我们制订战略性的计划，作为一家正在快速成长的企业，更加有需要保护好自己的商业秘密。

所以，作为企业的老板，你一定要知道你为了什么而上市。否则，就会陷入佛语说的“背心关法，为法所困”，可以说，顺丰在短期内不可能上市，未来也不会为了上市而上市，为了圈钱而上市。

谈行业：市场步入细分时代

羊城晚报：新的《邮政法》出台后，快递行业的准入门槛提高了，顺丰也从港资企业转成内资企业，这些变化对顺丰有何影响？

王卫：新《邮政法》的出台其实很及时。从顺丰的经营上看，建立一个全国性的网络，投入的钱极其巨大，但从保障消费者的角度考虑，提高门槛很必要，而且我觉得，目前的门槛还算低了。

羊城晚报：业界大多认为，快递行业将进入大整合的时期。小型的快递企业将纷纷关门或者被并购，大型快递企业最终将彻底垄断市场份额的90%以上，最后幸存的快递企业只会有10家左右。你对此有何看法？

王卫：提高门槛之后，我不认为这会导致很多企业关门。从美国快递业的发展来看，在FedEx、UPS等快递巨头的统治下，美国还是有大量的小型快递公司，这类快递公司的定位大多都是“同城快递”。所以说，在中国，我觉得未来不会出现很多小型快递公司关门的情况，快递行业会进入一个细分市场的时期，市场划分将越来越清楚，不是所有的快递公司都一定要在全国铺设网点的，找准定位最重要。可以说，快递行业细分市场的时代已经来临。

附录五

致湖北区参与江汉中转场重大火灾事故救灾工作同事书

各位同事：

我们这次经历了顺丰有史以来最大的事故，初步估计受波及的快件达八千多票，而票件总重在十吨左右，按初步的赔偿方案及免费补寄所产生的费用，估计造成的直接账面损失是以百万来计算，而这个估算还没有考虑进去一些客户的追加索赔。该事故对公司声誉所造成的负面影响及由此带来的间接损失更是无法估计。

这是顺丰十五年来所发生的最严重的事故，但是我觉得这个事故给我们造成巨大损失的同时，也使我们得到了一些东西，而我们所得到的远比我们失去的为多。我们得到的是这场事故使我们认识到我们拥有一批热爱企业，对客户高度负责的同事，他们通宵达旦地点算、再包装、清理现场，这些同事在大雪中奋力救灾的时候并没有任何怨言，甚至没有提出要加班费，他们让全网络的同事看到在湖北区有这样一批无私奉献、坚守岗位、不计较个人利益的好员工。我觉得这种精神是用再多的金钱也买不到的，而金钱买不到的东西才是最真实的。这种精神代表的是一种凝聚力，我们的同事对待公司就像对待一个大家庭一样，共同支持她、共同维系她。

在这里，我对湖北区所有参与救灾工作的同事致以崇高的敬意，公司以有这样的员工为荣。同时，湖北区所有参与救灾工作的八级以下员工可以得到30%当月薪酬的奖金，以作为公司对这些员工的谢意。当然，我们并不是想用钱去说明什么，这只是公司的一点心意。相信湖北区有了这样一批同事，必然可以尽快渡过难关，顺丰也必然可以在中国的快递市场立于不败之地，去面对任何困难和任何竞争对手的挑战，因为我们有着这样的员工，这样的一个大家庭！

顺丰速运（集团）有限公司

王　卫

2008年1月16日

参 考 文 献

[1] 陈庆麟. 顺丰速运借便利店冲刺“最后一千米”. 新快报A37，2011.12.6

[2] 宋滟泓. 成本压力下被迫实施突围，顺丰速运“越界”经营便利店. IT时代周刊，2012.1.5

[3] 王海荣. 快递大佬“跨界”开便利店. 深圳商报A2，2012.3.18

[4] 赵向阳. 顺丰速运进军便利店面临四大隐忧. 中国经营报，2011.12

[5] 蔡婧嫣. 顺丰速运发起“最后一公里”革命. 青年时报B02，2013.8.7

[6] 王璀一. 顺丰速运加速跨界便利店业态，业内同行暂未跟进. 北京商报，2012.3.18

[7] 潘奋图. 顺丰速运进军电子商务为何一波三折. 南方都市报SA54，2012.5.24

[8] 房煜. 王卫的终极难题，谁是顺丰速运的敌人. 中国企业家网，2012.11.16

[9] 郭保卫. 快递业：多为电商“拎个包”. 商界评论，2013.7

[10] 顺丰速运的“零售帝国梦”：王卫抢抓电商第3波“蓝海”. 中国经营报，2013.5.25

[11] 曹文君. 顺丰速运优选的逆袭. 天下网商，2013.7

[12] 黄刚. 电商与物流：互融协同是王道. 商业价值，2011.6

[13] 刘艳丽. 顺丰速运：进军国际市场是为满足消费需求. 中国报道，2013.7.10

[14] 王荻羽. 复制成功模式顺丰速运征服国际市场. 中国青年网，2013.9.16

[15] 顺丰速运海外业务量持续上涨，呈现可喜之势. 中国广播网，2013.6.23

[16] 王洛阳. 顺丰速运用实力征服国际速运市场. 深圳之窗，2013.7.17

[17] 王迅. 顺丰速运走向国际舞台，增值服务为用户所爱. 中国网，2013.9.16

[18] 苏迪. 顺丰速运推出逾限退费承诺服务. 中国邮政. 2013.7.30

[19] 王小诺. 顺丰速运家的便利店. 南都周刊，2012.1.9

[20] 顺丰速运APP战：手机控制“最后一公里”. 南方都市报. 2013.8.22

[21] 徐海波. 顺丰速运，直营模式使企业一步步壮大. 魅力中国，2013.6.17

[22] 张婷. 顺丰速运再提速：从加盟转向直营信息化透明管理. 经理人，2012.3.19

[23] 徐海波. 顺丰速运“飞”速发展，抢占国内市场. 魅力中国，2013.3.22

[24] 中国网. 顺丰速运自有飞机助其业务量不断腾飞. 2013.9.15

[25] 中国网. 顺丰速运航空成顺丰速运业务发展必需品. 2013.9.16

[26] 中国财经时报网. 顺丰速运自有飞机，全力护航跨省即日到服务. 2013.8.19

[27] 李媚玲. 顺丰速运增资4亿控股顺丰速运航空. 新京报，2011.8.11

[28] 中国青年网. 高端定位与顺丰速运航空. 2013.5.1

[29] 梅岭. 顺丰速运：清晰定位、标准服务是成功的关键. 时代周报，2012.2.16

[30] 索冬冬. 顺丰速运从高端路线涉足网购快件，扩充产品线求增长. 广州日报，2012.8.1

[31] 曹玲丽. 顺丰速运推出民营快递首个“即日到”高端产品. 网易财经，2009.9.4

[32] 董君亚. 顺丰速运冲出马云“电商包围圈”，走UPS路线. 电商报，2013.9.10

[33] 刘怡. 顺丰速运被曝拦截芦山地震爱心物资，遭遇诚信大考. 21世纪网，2013.4.29

[34] 杨长江. 顺丰速运回应“拦截爱心物资”事件：系工作失误. 每日经济新闻，2013.5.2

[35] 杨峰. 服务营销成就顺丰速运. 销售与市场管理版，2010.11

[36] 敏青. 顺丰速运打造核心竞争力的秘密武器. 物流天下，2013.2.4

[37] 高江虹，王龙阳. 二十年首次神秘融资：顺丰速运到底值多少钱. 21世纪经济报道，2013.8.26

[38] 一财网综合. 神秘快递大佬王卫被“招安”. 一财网，2013.8.20

[39] 索冬冬. 资本“拥抱”顺丰速运. 广州日报AII叠（8版），2013.8.20

[40] 廖丰. 顺丰速运完成首轮融资. 京华时报041版，2013.8.20

[41] 中国广播网《经济之声》. 顺丰速运引入国家队融资公司否认与上市有关. 2013.820

[42] 金喆. 顺丰速运引入招商局背后：或为国际化铺路. 每日经济新闻，2013.8.21

[43] 吕超阳. 为什么顺丰速运要引入招商局、中信资本等. 知乎每日精选，2013.8.20

[44] 王璀一. 顺丰速运三大资本巨头首度融资，疑为上市铺路. 北京商报，2013.8.20

[45] 黄佩. 民营快递顺丰速运集团总裁王卫18年来首次接受媒体采访表示：顺丰速运欲染指电子商务. 广州日报AII6版，2011.4.26

[46] 谭超. 高调的顺丰速运，谜一样的操盘手. 羊城晚报A12，2011.10.24

[47] 林曦. 低调顺丰高调启动A股上市 民营快递争当“资本”弄潮儿. 羊城晚报，2016.2.24

[48] 王璀一. 顺丰速运广布自提点保客户隐私. 北京商报，2012.11.9

[49] 黄馥勉. 保护客户隐私刻不容缓. 中国邮政报（6），2013.01.15

[50] 韩东良. 顺丰快递业务进入苏果超市. 东方卫报（F16），2013.12.17

[51] 李卓. 四大资本入股顺丰后王卫首露面，股权结构细节被曝光. 每日经济新闻（04），2013.10.22

[52] 刘夏，赵嘉妮. 顺丰无人机快递已“试运行”. 新京报，2013.12.5

[53] 顺丰模式——服务营销成就快递霸主，定制营销实战杨峰，2010.08.27

[54] 顺丰嘿店：奇葩O2O模式让人看不懂，虎龙吟，2014.8.17

[55] 顺丰嘿客便利店奇葩O2O模式：开店成本高、盈利困难，赢商网. 2014.8.18

[56] 顺丰，有飞机就是任性，民航资源网，2014.12.30

[57] 顺丰王卫自白：信仰让人自律和感恩. 物流指闻，2014.08.21

[58] 顺丰董事长王卫首次接受专访：做企业不只为赚钱. 羊城晚报，2011.10.24

[59] 顺丰内部回应架构变动传闻：确有通知. 亿邦动力网，2015.03.10